万科局中局

朱宝／著

南方日报出版社
NANFANG DAILY PRESS
中国·广州

图书在版编目（CIP）数据

万科局中局 / 朱宝著. — 广州 : 南方日报出版社, 2018.2
ISBN 978-7-5491-1777-2

Ⅰ. ①万… Ⅱ. ①朱… Ⅲ. ①资本市场－研究－中国 Ⅳ. ①F832.5

中国版本图书馆CIP数据核字(2017)第316120号

WANKE JUZHONGJU
万科局中局

著　　者：朱宝
出版发行：南方日报出版社
地　　址：广州市广州大道中289号
出 版 人：周洪威
责任编辑：刘志一
责任校对：王　燕
责任技编：王　兰
装帧设计：肖晓文
经　　销：全国新华书店
印　　刷：广东信源彩色印务有限公司
开　　本：787mm×1092mm　1/16
印　　张：12
字　　数：250千字
版　　次：2018年2月第1版
印　　次：2018年8月第2次印刷
定　　价：38.00元

投稿热线：（020）87373998-0503　读者热线：（020）87373998-0502
网址：http://www.nanfangdaily.com.cn/press　http://www.southcn.com/ebook

序一 “宝万之争”必将载入史册

Mike Bastin

这本书呈现了围绕在中国最大房地产公司之一的万科与宝能集团之间的权益之争。但它更像一束光一般，透视了随着经济的发展与变化，发生在中国大公司身上的变化与它们面临的挑战。

作者通过非常深入的调查与研究，以充分的证据与细节故事，细致地描绘了万科这家公司，它的管理层，围绕“宝万之争”各方的“局中之局”，以及万科这家公司所遭遇、经历与它所处的境况。从书中可以看出，佐证的材料相当充分。

作者选择万科作为研究案例非常明智。

纵观中国经济的发展历史，特别是始于 1979 年、持续至今的改革开放，非同一般。因此，只有通过这样的案例研究，以一个充满活力而颇具代表性的视野，让一个全新的、新兴的中国经济发展变化以及中国公司文化的发展变化跃然纸上。

与那些仅聚焦于“宝万之争”鏖鏖苦战不同，这本书还深入研究了顶尖大公司最高管理层的人物性格，它们的管理与领导风格，以及个性特征与气质。

也正因此，这本书不仅值得在顶尖的商业领袖案例研究、启发商业领导力拥有一席之地，也应该作为许多国际商业和管理学术课程的首选基础读物。

横跨商业与学术是很少人能企及的成就，但这本书正好做到了，且远超商业与学术，远远超越。

因此，作者值得被广泛尊敬，她的书值得被广泛传播，在中国经济发展史上，作为最精彩描绘中国经济发展变化的重要读本，它亦是一本值得钦佩的书。

这本书毫无疑问令人大开眼界，它呈现出了中国商业领袖的生活与不断面临的挑战，它的意义，远超于对大公司管理哲学的具体探讨。

我研究组织文化与行为超过 20 年，涉及多个行业领域。在 20 多年里，我阅读领域宽泛与多样，在我的认知里，没有一本书，具有如此的引领与超越性，这本书做到了。

对于那些渴望了解中国经济发展变化，了解中国公司，以及远超于了解这些而想获得更多、了解更深远的人来说，这显然是一本“必读”的代表作。

Mike Bastin，英国南安普顿大学任教，曾任北京大学、清华大学、中国外经贸大学客座教授，英国《金融时报》、《每日电讯报》、《多伦多环球邮报》、《华盛顿邮报》专栏作家。

序二　野蛮人是否对实体经济带来价值?

李　峰

芝加哥学派的旗手米尔顿·弗里德曼曾经说过:“以动机而不是结果来判断政策的得失是最严重的错误之一。”这句话，可能也同样适用于对门口的野蛮人的所作所为进行的评判。

内部人，门口的野蛮人，大股东，白衣骑士，这些屡屡搅动美国资本市场神经的词语，伴随着万科宝能之争也迅速被广大中国投资人所熟悉。那么，撇开对行为动机的道德性批判不谈，野蛮人是否对社会、尤其是实体经济带来价值?大量的学术研究给出了正面的回答。例如，2008 年发表于金融学国际最权威期刊 Journal of Finance 的一篇文章发现：私募对冲基金以股东身份向数百家上市公司提出战略或者经营策略的改进建议之后，这些上市公司的经营业绩得到改善，向股东支付了更多的股息，其 CEO 更加可能被替换掉，而股价也有更加好的表现。

但是，冰冷的实证研究结论终究无法让人体会到这一议题的复杂性以及所有当事方的微妙的互动，因为在统计数据当中是无法看到微观层面的复杂性和多样性的。

《万科局中局》对“宝万之争”进行了翔实的描述与探讨，在大跨度的时间范围内考察了事件当事人的人生轨迹及在这场举国瞩目的争斗中的姿态与行为。

一百个人看宝万之争，会得出一百零一种结论。这正是万科事件的迷人之处。这也正是《万科局中局》让我手不释卷、欲罢不能的原因。

李峰，上海交通大学高级金融学院副院长、会计学教授。

前　言

一场决定命运的股东大会

万科是中国最大与最具影响力的房地产公司之一，它的时任董事会主席王石正在一场万众睹目的股东大会上竭力为自己辩护。在2016年6月举行的2015年度股东大会上，他正面对一个十分棘手而尴尬的问题：作为管理这家公司超过30年的创始人，他和以他为首的管理团队正在应对“闯进来的野蛮人”大股东的驱逐，如何在这场股东大会上赢得小股东和社会各界的支持，影响着王石与万科未来命运的走向。

王石穿着白色衬衫，系着深色领带。在股东问答环节中，他身体前倾，坐直了身子，与之前靠着椅背并不正襟危坐有些差别：在回答小股东提问时略显不安与紧张，尽管眼神自信而淡定。

在此之前，这家公司的一些事情，小股东并不知情，或者说，他们没太在意，尽管他们手中的投票权决定了他们有这样的权利。

在外界的印象中，王石是一个不善于紧张的人。作为一家以房地产为主营业务的新晋全球500强企业的掌门人，他是全球最有权力的董事会主席之一，但这次他所在的公司遇到了宝能集团掌门人姚振华的敲门。在他看来，姚振华来势汹汹，会对他与管理层的权力形成极具威胁性的挑战。比如，那场股东大会前，姚振华居然提出了要罢免王石在内的万科管理层。

王石有点走神，兴许是累了。他和管理层要一个接一个地回答质疑，这些质疑包括：王石去美国欧洲游学期间，为什么还从万科拿到超过5000万元的薪酬。

王石回答说，自己是执行董事，执行董事应当是董事长，并不是挂名的董事长，是公司管理层的一员，是拿薪酬的董事长。

这并不是提问小股东想要的答案，他更想知道，为什么一个公司的最高管理者离开公司总部所在地，到美国欧洲游学，还带着年轻的女朋友游山玩水，可以拿几千万薪酬。

万科的这场股东大会在中国南方的深圳举行。这里是中国改革开放的起源地，是当时万科总部所在地，位于深圳临海的大梅沙附近，这里依山傍水，风景宜人，相较于北方的干爽，大梅沙有着南方的潮湿与闷热。

没人知道王石年轻的女朋友此刻在哪里，但一个股东还是毫不客气地向王石表达他对这件事情的看法："我原来是万科股东，曾经做多过万科股票，也做空过万科股票，当时看到王石先生跟田小姐在一起我就做空过……"

没有丝毫犹豫，王石饱含情绪地回应说："你是看到了（我）和田小姐（在一起）你嫉妒是吧。"提问的股东随即跟了一句："不是嫉妒，是怕分心。"

这是王石一向的风格。他说的一些话可能在当时的社会情境下是对的，但并不符合公众情绪，他一样会说出来。尽管作为一个"公众人物"（王石上过时尚杂志），他有更好的方式来照顾这些公众情绪，但他的性格让他不屑于照顾这些情绪，毕竟这样的他才是王石。

就像在与姚振华第一次见面后，他就给了对方一个下马威，明确表示不欢迎民营企业成为万科的大股东，他质疑宝能从二级市场"偷袭"万科股票的钱的来路以及宝能"信用不够"。

这是王石对待万科以外的人的惯有态度。在中国享有盛名的国资背景华润集团，从最近的表现来看，他也不太放在眼里。从他的公开表态与表达来看，他觉得华润集团对万科管理层的全权放手是一件"理所当然"的事情，毕竟是他亲手将万科大股东的位置递送到了华润集团的手中。而在过往 15 年中，他一直把控着这种"理所当然"，有人评价"万科的管理团队就像一滴水也滴不进的封闭空间"。

王石并没有严肃认真地意识到，这次有点不一样了。

不过，万科的管理团队已经隐隐注意到这个问题的存在，并试图获得大股东华润集团的支持。

作为一家央企，华润集团一开始并未有表现出对万科的不支持，姚振华第一次得逞后，华润集团立即行动，重新增持至万科的第一大股东。此时，宝能已经从华润的购买行为中获得了可观的利润，如果华润继续这么买入，万科的股价将可能如火箭般直冲云霄。

王石也许并不太理解华润的顾虑或打算。管理层决定“自救”，申请将万科股票在交易所停牌，理由是资产重组。

对于万科的管理层来说，这至少给他们赢得了时间——怎样在这场姚振华的狙击中争取更多主动，获得更多赢面。

这是一场没有硝烟的战争，王石与时任万科总裁郁亮并不知道对方有什么样的军事堡垒与弹药。更重要的是，作为一家上市公司，万科的管理层与万科这家公司可能的命运更迭都在明处。而姚振华是谁，要做什么，他的目的是什么，在与他第一次正式见面前，王石与万科的管理层未向外界透露。

我从了解内情的核心人士处听说，姚振华第一次见到王石时，他对这个缔造了超过 2000 亿元市值、在地产业中最具品牌号召力的万科最高管理者心怀敬意。

那次见面时，姚振华感受到王石极强的气场，咄咄逼人，尊严受到了挑衅。不过，对他来说，最要紧的是，他把 47 年来第一次撬动到的百亿元级资金砸到了一家公司的股票上。无论万科的管理层是否接受，他的公司事实上已经是万科重要的股东之一。

站在各自的角度上，无论是万科的管理层，还是华润或者宝能，他们都被置于了一种奇怪的平衡木上。

在这种平衡木上，只要稍有一方没摆正自己的位置，都可能打破这种平衡，而让万科公司陷于动荡之中，也让万科的小股东们陷于一种不安之中，更让与这支股票与这家公司相关的监管层陷于措手不及、无计可施的尴尬境地中。原因在于，即便执行中国当时的法律法规，也无法完全应对万科事件的新局面、新问题，这对他们是新的命题。

中国资本市场建立以来，从来没有一个商业事件，能以这么高频率、高关注度被全中国各个群体的人们驻足与谈论，他们包括中外媒体、商业领袖、金融财经界专业人士、律师、学者、监管者、官员以及股民等等。他们在这件事情上的心态，都像被邀请进了一个空旷而喧闹的舞池，灯光璀璨，香槟诱人，迫不及待地想要在这里表演与表达。

你看，中国另一家举足轻重的地产公司中国恒大，就像一个天外飞仙，赶在万科这场商业剧幕最热闹的高潮部分出现，把谜一样的剧情再推向另外一个谜。不过，结局的曙光已现，在商业规则面前，情怀有时就是一记出手很重的拳，却落在了弹性很好的垫子上，显得黯然而哀伤。

在大幕开启前，没人知道王石还能在万科董事长的位置上待多久，也没人知道万科的命运会如何变化，但大幕已然拉开，剧中人已渐次上场。

目　录

第一章　姚振华的异想天开：收购万科

近47岁，对于姚振华来说，才开始真正面对人生的最大挑战——时任万科董事长王石讥讽他是个卖菜的。从未听过这个名字的人，第一次听说他，居然是因为他被心怀英雄主义情结的王石“不待见”。

更多关于他的传说，是这个卖菜起家的潮汕老板娶了公司的秘书。可事实上，在宝能与万科管理层产生纠葛时，姚振华还是单身，在过了“不惑”而进入“知天命”的人生旅程中，他正在干一票大的：用2014年盈利仅2.6亿元的钜盛华，以及盈利1.32亿元的前海人寿，去吞下2000亿元市值的万科这头大象。

偷袭、狙击、买入，姚振华的“主力部队”来了

2015年，北京的秋天秋高气爽，是北京一年中最美的时节。南方广东省的广州与深圳还处于夏天结束前的一个月，依然需要开空调度日。

家住深圳的姚振华去了一趟北京，与时任万科董事长王石见面。这一次见面让他觉得尴尬极了，他意识到，王石不喜欢他，至少在相当长的一段时间里，这一印象无法扭转。

几个月前，姚振华用他的宝能集团陆续买入了超过10%的万科A股份，从通常情况来看，他已经具有获得董事会席位的可能了。

这样的操作路径对于姚振华来说再熟悉不过了。

在大规模买入万科之前，他已经斥巨资买入了南玻A等公司的股份，并成功获得董事会席位。

可是这一次的复杂程度，却远远地超出了他的想象。

未经本人证实的公开资料提到，姚振华与王石的见面是在中国房地产业老兵、具有赫赫声名的万通集团创始人冯仑的撮合下成行的。

冯仑与王石在中国地产界摸爬滚打几十年，对于这个行业里发生的事情了如指掌。更重要的是，冯仑与王石的交情与渊源可能更深——未经冯仑证实的地产界传言说，王石与其年轻的女朋友田朴珺是在他的介绍下认识的。

如果说姚振华是带着尊敬的心情与王石初次见面的话，王石就是带着给姚振华以警告的心情见面的。

这次见面没有根本性的结果，他们之间有无法调和的矛盾。姚振华的最终目的是要把万科的资产负债表并入宝能集团（尽管这并不是姚振华一开始买入万科想达到的目的），这么做的好处显而易见——资产规模越大，它能获得的融资规模越大；利润越高，它能获得的融资成本越低。钱对于宝能集团来说太重要了，它好不容易有了保险这块牌照，而又时逢保险业大发展来临的前夕，越多的钱，越有可能在机会到来时做大做强，更何况，宝能想做的是金融控股集团，而保险只是金控集团的一个业务板块。

万科是隐形的富矿。作为一家房地产公司，资金投入密集是它的特点，从拿地到把房子建起来，都需要大量现金做支撑。经过 30 年的发展，万科已找到了一套行之有效的方法，现金流相当充沛。当然，用语言描述则是：万科信用评级很好，银行愿意把款贷给它；即使发债，也深受投资者欢迎；即使利率并不高，也很快能吸引到投资者。

这家看起来各方面都不错的公司有一个重要缺陷：股价一直被低估，股权分散。

了解万科上述优势的人不少。但他们更了解一点，万科的大股东是华润集团。这句话意味着，想要利用万科股权分散这个特点去替换华润集团的位置，那么，想去替换者得掂量掂量。

尽管孙悟空知道如来佛祖佛法无边，天庭规矩甚严，但他还是大闹天宫。有时，有人是无知者无畏；有人是“人总得有梦想，万一实现了呢?”的心态；还有人是，你们不知道我要做什么，我其实是有目的的，但不会告诉你们，你们尽管猜。

姚振华属于第三种。

姚振华的商业嗅觉出奇地灵敏，他开始筹钱，开始积蓄力量，开始造梦。

这是一个好的时机。

2014 年 8 月至 2015 年 6 月 11 日，中国 A 股市场的上证指数从 2201 点迅速蹿升到 5122 点，也就是说，10 个月间，上证指数增幅高达 1.33 倍。

这是全民狂欢的 10 个月。在漫长的 8 年里，人们已经忘记了“牛市”的模样，而如今，券商的营业部里已挤得水泄不通，他们有的开户，有的忘了密码。在交易大厅，他们盯着屏幕，生怕错过股价的每一次刷新。有的股民恢复账户后才发现多年前被套的 ST 股票已经不复存在。

人们对上一轮牛市的记忆有点模糊。再次重返股市，谁也不愿意错过这场热闹的“狂欢”。中国的券商们，成了这场淘金热里的卖镐人。

当然，还有姚振华，他是淘金者，是卖镐人十分钟意的客户。

股市的突飞猛进意味着资金的大规模涌入，资金的大规模涌入意味着更多的渠道正在被打开，这些渠道可能源于券商、银行、保险以及信托等等。虽然被王石“讥讽”为卖菜的，但姚振华展现了他深谙市场变化与趋势发展的商业头脑，他完美地打开了金融工具的通道，利用杠杆筹集资金，并把它用到了股权的收购与公司的扩张中来。

2015 年 8 月 26 日，姚振华手里的公司前海人寿与一致行动人终于成为当时中国最大房地产商之一万科的第一大股东，截至当日，它们持有万科的股份升至 15.04%，超过华润集团的 14.96%。在这一天前，华润在万科第一大股东的位置上已经坐了 15 年。

需要把时间节点理一理。

前海人寿是在 2015 年 7 月开始大举买入万科 A 股的，一个月后的 A 股暴跌，给前海人寿提供了一个绝佳的狩猎机会，为了快速“入货”，它不惜利用“收益互换”和“融资融券”这两种有较高交易杠杆的高风险方式备足子弹，狠而准地以较低的价格把相当大一部分万科 A 股份收入囊中。

时任万科总裁郁亮，这位与时任万科董事长王石一路走来的高管对此早有戒备。早在 2014 年 3 月万科一场春季例会上，他就用“门口的野蛮人”来描述他的担忧与警告万科的高管和员工。

不过，郁亮和王石对来势汹汹的姚振华想做什么，他们尚不完全明白，虽然姚振华声称他只是想做一个财务投资者，但郁亮与王石的心理防线是否只停留于此，则未必。

毕竟，在22年前的1994年，万科经历了著名的“君万之争”，那场因万科股权之争引发的危机，险些让万科的管理权与控制权旁落。至于为什么到了21世纪的2015年万科还会有这种隐忧，的确是万科的管理层应该回答的问题。

“君万之争”按下不表，在管理权与控制权争夺这件事情上，王石与郁亮至少是有前车之鉴的，这让他们不太相信一个把自己买成大股东的老板只甘于做一个财务投资者。

从自卫的正常举动来理解一个多月后王石与姚振华的首次见面，就不难理解他们“剑拔弩张”而未能达成共识的原因了：在缺乏信任与了解的前提下，任何不合常理的出牌，都意味着对现有格局改变的可能性。

即使不探讨深层次的控制权问题，在姚振华心里，对于通过金融杠杆筹集到的资金能否安全退出，存在着不安全感。而王石与郁亮有公司管理权与控制权旁落的不安全感。如果双方不能消除彼此的不安全感，那么矛盾一触即发。

可是消除不安全感实在太难了，这是一个商业社会，如果没有商业契约文件的约定，从法律上来说将没有任何意义，可是双方在初次较量中想达成任何的商业契约文件几无可能——他们的底牌都还握在手里。

打破沉默的是王石的内部讲话。

2015年12月17日，宝能集团从二级市场把自己买成万科第一大股东后的3个月，万科在北京万科会议室召开了一场内部会议。在会议上，王石把与姚振华的见面详情进行了通报。

王石说：“他还是挺健谈的，有点收不住嘴。主要谈了他的发家史，也谈了对我的一分欣赏……他想成为第一大股东，我是不欢迎的。他没有料到我是这么一个态度。不欢迎的理由很简单：你的信用不够。”

如果说这些话只是在私人场合聊一聊，姚振华可能不会太在意，但这些话最后被公诸媒体，市场哗然。

接下来，姚振华一下子蹿红了，关于他的前世今生被开扒。比如，“姚振华早年间在深圳布吉农批市场炸过油条”；成立的第一家公司为“深圳市新保康蔬菜实业有限公司”，专卖蔬菜；设立了两家蔬菜净菜超市，一家位于园岭小区（深圳），一家位于彩田路社保局后边的福源大厦一楼。

有趣的是，还有人专门去上面提到的超市看过：“好像面积只有一百几十平方米，货架上蔬菜并不新鲜，顾客寥寥。”

姚振华的形象一时间像《红楼梦》里进了大观园的刘姥姥：没怎么见过世面，不是出生就含着金钥匙的富二代，而且还有点土。

在深圳福田区一酒店大堂偶遇与朋友聚会结束的姚振华的人曾这样描述他：“姚振华的打扮更像是一家当地银行的领导。一件淡蓝色的短袖衬衣，一条西裤明显是长了，那双皮鞋可能在被穿上之后，就从没打理过。”

这位偶遇他的人还补充道：“我相信，他平日里应该也就是这样的，如果把皮鞋换成一双老北京布鞋，对姚振华来说，可能更要舒服一些。”

一位曾经在姚振华身边工作的人向我证实了这点：这个人的描述是接近姚振华本人形象的，他的确就这样。

那位偶遇姚振华的人一开始这样提到：我要是王石，也不会喜欢姚振华。如果参考王石所喜欢的人的标准，那么姚振华从穿着，到谈吐，相信里里外外都很难找到能被王石喜欢的点。

即便如此，姚振华还是以迅雷不及掩耳之势成为市场关注的焦点。那么姚振华本人对此的反应是什么呢？

与其说姚振华关注他被贯以“卖菜的、没受过好的教育、土得掉渣”的形象，不如说他更关注接下来该怎么解决砸到万科A上的百亿元资金的安全，以及接下来的这场硬仗该怎么打。他已然相信，他与王石和万科管理层不可能这么轻易融合，就像水与油的密度不同，油无法融于水，水无法融入油。

在王石发布这番内部讲话前后，姚振华做了一件事——向全球撒下大网，寻专业团队助阵。

姚振华在当时的理想主义是，“这是中国资本市场上从未发生过的商业事件，它关系着中国资本市场的健全与发展，中国的资本市场需要规则，我们正在推动中国资本市场的完善。一个花了百亿元级资金成为万科实际大股东之一的人，在同股同权的中国资本市场，不能享有一个大股东该享有的权利，不能获得万科的董事会席位，这有悖常理”。

姚振华表达他的想法时振振有辞，充满着激昂的情绪，这把他善于表达和沟通的风格展现得淋漓尽致。

不过，从事件的发展与走向来看，姚振华见王石之前全球寻找顶尖团队的做法，实在太重要了。在“宝万之争”中，他们就像隐形的棋手，招招打中对手的痛处。

王石的内部讲话事件后，万科管理层与姚振华的矛盾激化，双方谁也没想过在这场“战争”中退缩，也没有办法退缩。该怎样排兵布阵，该怎么最大可能性地保护自身权益，赢得对万科公司的把控，是一切的出发点。

内部讲话公开后，万科出招了。

2015 年 12 月 18 日，万科宣布停牌，给出的理由是：“正在筹划重大资产重组，已于 2015 年 12 月 18 日下午 13：00 起开始停牌。”

没有硝烟的战争正式进入兵戎相接阶段。在戏剧性故事情节推演前，没人想到这个世界所发生的一切能那么荒诞，而这又是一个真实存在的世界，它比我们的生活更戏剧，比戏剧更魔幻，比魔幻更接近真相。

王石与万科管理层祭出第一招：引入深圳地铁

2016 年暑假结束后，中山大学传播与设计学院新开的财经新闻专业硕士班在北京大学深圳分部开课，这是中山大学与汇丰商学院合作授课的一种全新尝试。财经新闻专业硕士班的同学在开课时没有见到老师和同学之前传说的授课老师海闻。

一位上课不认真听课的同学在刷新他的股票软件，盯着万科的股价变化图仔细研究，坐在他后排的一位女生问他，你为什么盯着万科看？这位同学回答说，这门课之前听说是海闻老师讲，但现在居然是另一位老师在讲“曼昆经济学”。

海闻缺席了财经新闻专业硕士的授课？这种可能性是存在的。

在万科发布《关于重大资产重组停牌报告》的公告后五天，即 2015 年 12 月 23 日，海闻辞任万科独立（非执行）董事一职。

海闻解释他辞去独立董事一职是个人原因，对万科董事会没有意见，也没有需要知会万科股东和债权人的信息。

辞任时，海闻任职北京大学校务委员会副主任、汇丰商学院院长。海闻的辞任，原因可能与当时教育部发布的一项党政干部在企业兼职的专项调查通知有关，但更可能和万科管理层与姚振华的宝能集团的股权之争有关。

其后华生的表现证明，海闻的辞任是“恰逢其时”的。当好独立董事并不容易，担任万科独立董事更不容易。

海闻的辞任成为万科股权之争这幕商业巨制开演的片头，万科管理层祭出了在当时情况下可能最狠的一招：引入新的股东，摊薄姚振华所持有的股权，把宝能集团挤出万科大股东的位置！

时光穿越2015年广州与深圳的秋天和冬天，来到了2016年。对万科股权之争万分关注的吃瓜群众们终于得了一些最新消息——2016年1月25日，万科公司向董事递送了两项议案，即万科A继续停牌，以及召开2016年第一次临时股东大会。

没有任何迟疑，万科的董事们对这两项议案都投了赞成票：无论万科管理层、董事会、大股东还是小股东，亦或者资本市场、监管机构与相关方，都在热切关注着万科事件的发展与变化，毕竟，万科是第一批在中国资本市场上市的公司，它的股票代码就已经说明了一切：000002！

望眼欲穿的万科A小散户更关注与他们切身利益相关的一件事情：万科计划于2016年3月17日下午3点，在中国广东省深圳市盐田区大梅沙环梅路33号万科中心召开2016年第一次临时股东大会。

令人心悬而又期待的一幕终于要揭开：万科的管理层发的这一招致命吗？他们要做什么？他们怎样才能将王石口中的“野蛮人”挡在门外，以实现对万科管理权的保全？

从1月25日至3月中旬漫长的将近两个月里，商业世界波诡云谲，暗流汹涌。

最受煎熬的莫过于华润集团，这一次，在万科事件中它们应该如何扮演好自己的角色，是巨大考验。

2015年7月10日，姚振华手里的前海人寿第一次对万科A的持股量达到

5%。15 天以后，姚振华手里的钜盛华与前海人寿对万科 A 的持股量达到 10%，如此来势汹汹，华润集团的思量更多是如何不动声色地让这件事情平息。

然而树欲静而风不止。

万科的管理层与媒体们都注意到变化。

在姚振华第一次把自己买成万科 A 的实际大股东之后不久，华润集团终于出手了，2015 年 9 月 4 日，华润集团从二级市场增持万科 A，重新夺回第一大股东的位置。

到了这个时间节点，如果稍微“识趣”或者“消停”一点的对手应该接收到了一些信号：华润集团出手了——那个需要掂量掂量分量的重量级大咖出手了。

姚振华静悄悄的。但他并没有放弃。两个月后，他对万科的持股量已攀升至 22.45%，再次成为万科 A 实际的大股东。

华润应该在这个时候再出手吗？在上一次从二级市场增持到第一大股东后，万科 A 的股价再次被推高，可以预期的是，姚振华在华润集团的举动下，账面浮盈并不是什么稀奇事。

这就像一场游击战。

姚振华目标明确，却佯装弱者，并不轻易亮出底牌，在阶段性策略的选择上，早已做好准备。在这场战争中，万科管理层、华润集团更像在明处，而姚振华却像雾一样捉摸不清，至少在事实上成为万科 A 的第一大股东之前，没人相信姚振华的目标是做万科 A 的第一大股东。

给他提供资金的一家银行的员工是这么认为的：“要是知道姚振华把自己买成第一大股东，应该不会和他合作。银行给他提供的资金是做固定收益，就是到了时间收固定的利息。方式是以万科 A 股票做抵押，他自己的钱做劣后（如果还有钱，最后赔偿的对象），股价如果跌到一定程度后，他需要补足保证金，不然我们银行可以卖掉他的股份，我们银行给他提供的钱不会有任何危险。”

接下来，大家在揣测姚振华什么时候把赚到的钱变现，即什么时候卖掉股票赚钱——很少有人认为他会接着持有股份。

这并不代表他们了解姚振华想做什么，对对方意图的破解，往往是一场棋局取胜的关键。

这也是万科管理层最为着急的地方，至少他们需要在这件事情上掌握主动权。

3 月 17 日临时股东大会的时间近了。

王石的行踪见诸北京、深圳、香港，但已经不怎么在国外了，至少在这个阶段，万科的管理层认为他们离不开王石，王石也认为他在这个时候应该回到万科。在所有万科管理层里，对万科感情最深的应该非他莫属，他经历了万科 32 年来最重要的节点。

时钟的每次嘀嗒都未曾如此漫长，它就这么把人类的时间带到了 2016 年 3 月 14 日，王石与万科管理层布下的军法大阵就要揭晓。

万科对外宣布，两天前，万科与深圳市地铁集团有限公司签署了一份合作备忘录，大致内容是，万科将向深圳地铁定向增发 400 亿—600 亿元的 A 股股份，以购买深圳地铁手中持有的地铁物业资产。

就在万科与深圳地铁签署合作备忘录当天，华润集团派驻万科的三位董事向深圳和香港的监管部门反映：万科程序违规！

这显然不是一个好的信号，这个信号传递出万科的管理层与华润集团之间已被浓浓的火药味包围，双方已经出现沟通不畅，或者交恶的可能性。

三天后，万科将召开 2016 年来的第一次临时股东大会。召开股东大会前夕，万科的管理层如临大敌一般：3 月 14 日当天，万科一共挂出了 16 份公告。一位在万科工作的人士提及，他们团队连续待在深圳万科总部（将召开股东大会的地方）做准备，天天加班。

不过，万科 A 将继续停牌，原因在于“万科与深圳地铁敲定发行价格、收购价格等细节后复牌”，给出的时间点是不晚于三个月后的 6 月 18 日。

6 月 18 日在中国是一个吉利的数字，它的谐音是：顺亦发。

这也许是万科管理层希望看到的局面，这并不是什么新奇的举动。中国商人并不介意讨个好意头，有时为了获得吉日吉时，一些商人可能还会请专门的“风水师”，或者深谙这些吉时吉日的高僧来给他们“算一算”“挑一挑”。

这个意头更是万科 A 的小散户想要看到的局面。长达 6 个月的停牌，对于一些小散户的内心来说是崩溃的，特别是那些用杠杆买了万科 A 股、在重组停牌没来得及卖出、濒临爆仓的小散户。

把视线拉回到 2015 年 6 月 11 日那些疯狂的上涨后，也就是其后姚振华疯狂抢筹的时段之一。

巅峰的后续，可能是无尽的深渊。

2015 年 6 月 12 日，上证指数创出年内新高，一步跃升至 5178 点的年内最高点。

同样在这天，中国证监会发布了清理配资的文件，它就像一面墙，坚毅地挡在了追赶红布而急红了眼的疯牛面前。疯牛撞墙后应声倒下，上证指数这头疯牛一路出血到 2850 点才深深地喘了口气——中国采取措施救市后，缓过劲儿来。

在股市过山车中的小散户经历从试探、欣喜、狂欢、癫狂到失落、失望、害怕与绝望，已没有太多骑着疯牛的小散户还有时间和余力关注救市资金有多少买入了万科，但姚振华的目标是明确的，他已经在疯牛深深失血时趁机吸货。

需要说明的是，在救市期间，万科管理层宣布将花 100 亿元资金回购万科 A，然而在事后复盘时才得知，万科管理层只动用了约 1.6 亿元资金来做这件事情。不知道是不是在那个时候，万科的管理层已意识到，他们对于接下来万科股权之争的赢面信心不足。

姚振华的买入带动着万科 A 股价节节攀升。一些对于万科 A 股权之争带着赌一把、博弈心理的小散户也加入了阵营。他们比姚振华更关心的是万科 A 什么时候复牌，以决定是落袋为安，还是割肉出货。

悬念停留在了 2016 年 6 月 17 日召开的董事会上——万科引入深圳地铁的细节是什么，董事会会通过吗？当了 15 年万科 A 大股东的华润集团，对万科提出的新议案做何考虑，会赞成还是反对。

另一个问题是，姚振华与宝能对新议案是什么态度，宝能动用数百亿元资金持有的万科 A，会不会因重组议案的通过在开盘后断崖式下跌，继而爆仓悲惨离场。

还有，深圳地铁，到底怎么想？

在姚振华之前，没人从二级市场狙击万科 A 的股票，原因可能是要掂量掂量自己的分量，这次，深圳地铁的分量够了吗？然后，姚振华与宝能集团，就这么昙花一现，而与万科 A 相忘于江湖了吗？姚振华进入“梦醒时分”了吗？

有人做了一个假设，如果把重组议案送给监管机构，让监管机构决定批不批，监管机构会批吗？这简直是《哈姆雷特》中的天问：to be or not to be，that is the question.

无论如何，上膛的子弹已经没有归途，等待王石、郁亮、万科管理层和华润、姚振华与宝能的，将是一场恶战。

第二章　打开董事会投票的“潘多拉魔盒”

王石坐在一张咖啡色的沙发上，穿着他一贯比较喜欢的深色西服套装，配了白色衬衫和正装绑带黑色皮鞋。他右胳膊倚在沙发扶手上，左手与右手交叉坐直，显得规整而干练。虽然剪着很浅的寸头，但两鬓的白发已十分抢眼。65 岁的王石正聚精会神地盯着向他提问的人。

这是 2016 年 8 月下旬在中国十三朝古都西安举行的亚布力论坛夏季峰会间隙，时任万科董事长王石回答了亚布力新媒体的提问。他说：“如果把自己的事业比作登山的七个阶段，目前正处于第三个阶段的休整期——蓄势待发。”

这听起来还是那个斗志昂扬、坚韧不拔的王石。不过，这次的考验与攀登珠峰不同，珠峰征服的是自然屏障，而这次他要征服的是“不确定性”以及那些时移势易的“势”。

如果联想到从上一次股东大会，到这次亚布力现身的两个多月来，王石面临的尴尬局面，此刻坐在那张咖啡色沙发上的他显得单薄而落寞。

6 月 26 日上午，王石在微信朋友圈里说：“当你曾经依靠、信任的央企华润毫无遮掩地公开和狙击你的恶意收购者联手，彻底否认万科管理层时，遮羞布全撕去了。”

这透露出了王石对华润集团的失望，他在这条更新里最后说：好吧，天要下雨，娘要……（中国有句比较俗气的古语：“天要下雨，娘要嫁人。”意思是谁也挡不住。）

这与惯常的王石不同，他很少表现得如此沮丧。沮丧的背后是焦虑以及有些无可奈何。

大约一周前召开的万科董事会，把华润集团“逼上”了表态的边缘，“引入深圳地铁”的议案，让万科管理层与华润集团彼此之间已无路可退，矛盾彻底被激化。

华润变脸：“不可思议”的反对票

中山大学财经新闻专业硕士班同学因为没有听成海闻老师的课有些失望。但海闻却没有办法不对董事会的议案不做表态：作为万科的独立董事，在没有继任者之前，海闻需要继续履行作为独立董事的职责。

与海闻相比，万科的另一位独立（非执行）董事华生则表现得相当活跃，虽然他并没有意识到，他的一系列举动，让人们对独立董事的行事规则充满疑惑：他的做法，是合规的独立董事行为？

“在董事会开始不久、讨论重组预案时，华润方面的董事代表首先发言，宣布他们已决定对议案主要内容投反对票。这使我极为震惊。故在华润董事代表发言后，我首先要求发言。‘我想发表一点意见。我刚才听华润董事代表发言感到非常惊讶，跟我们原来外面的想法和看法相差很远。’”华生的一番言论，把2016年6月17日召开的万科董事会的紧张氛围呈现了出来。

这与当日董事会结束后公布的结果一样戏剧：11名董事，1名因自称涉嫌关联交易而回避投票，共10名董事参加了董事会投票。

投票结果让人哭笑不得：11名董事，7票赞成通过万科管理层于董事会讨论的万科引入深圳地铁重组方案，3名投了反对票，1名回避投票。

为什么这是一个让人哭笑不得的投票结果呢？

因为无论万科管理层，还是华润集团，他们都无法说服对方，投票结果到底是通过引入深圳地铁，还是没有通过引入深圳地铁的议案，他们各执一词。

万科的表态是，如果以10票作为全票参考，7票赞成票，意味着70%的董事投票赞成重组议案。华润集团的表态是，如果以11票作为全票参考，7票赞成，意味着63.4%的董事投票赞成重组议案。

问题来了，按照规章，议案需要董事会2/3的人通过，也就是说需要超过66%的董事通过。那么，万科管理层提出的这项议案通过了吗？以董事会现在 11 人的结构，议案当然没有通过，然后呢？

然后的问题在于，华润集团不得不在董事会的投票上表明立场，这对于万科的管理层来说，最根本的是尽管王石和管理层感到失望而愤怒，但他们不是没有心理准备。

2016 年春节，万科管理层曾前往拜会华润集团的董事，他们对董事提及，万科有意和深圳地铁开展战略合作，并可能向地铁集团增发股票。

当然，万科管理层表达的是一种“可能”。潜台词是，他们更可能希望此举让华润集团触动：华润有没有可能在这个关键的节点上再帮万科（管理层）一把。

2016 年 3 月，中国的“两会”在北京召开。参会时，华润集团掌门人傅育宁曾公开表示：市场比较敏感，不想多说。但他认为万科是个好企业，华润集团会全力支持。

这让万科的管理层似乎感受到了阳光照耀：他们仍然在被温暖，华润集团还是以前的华润集团，他们做什么，都会得到大股东的支持。

但华润集团的支持显然不包括引入深圳地铁后，把它挤到第三大股东的位置上。现在有一个宝能已经够让华润集团为难的了，再多一个深圳地铁，华润如何更大可能性去保全大股东的位置呢？

万科管理层“自保”的方案来得太仓促，虽然是在当时条件下不得已而为之——他们并没有得到华润的承诺。

作为万科公司的大股东，华润集团在万科公司的话语权是一直存在的，比如，它们在万科董事会中的席位，决定了 6 月 17 日万科管理层提出的重组议案将可能不会被顺利通过。万科管理层“一意孤行”，置华润集团长期以来具有而不怎么使用的话语权于不顾，当然是一种极为失策的行为。

这也是王石性格的一种反映。正如他不欢迎姚振华，他基本选择性无视姚振华的资本所具有的权力，但这毕竟不是一个草莽英雄的年代，而是一个资本市场日益完善与发展的时代。

更要命的是，在形势如此多变的前提下，王石与万科管理层对于深圳地铁引进的具体方案，在 3 月 11 日的董事会上并未让华润集团完全知晓，这使得华润甚至表达了这样的看法：“万科管理层引入深圳地铁的方案是他们自己的决定，没有通过董事会的讨论。”

虽然万科管理层事后解释原因，是可以不用事无巨细地让董事会知道所有细节，但这至少证明他们与华润集团的沟通是有问题的，或者双方的信任已经出现了很大问题。

这也是华润集团向深圳与香港监管机构反映万科程序违规的原因所在。华润提及，3 月 11 日召开的万科董事会上，有 21 项细项讨论，但就是没有 3 月 12 日要与深圳地铁签署合作备忘录这一项。

“公司以公司董事会名义（‘承董事会命’）发布公告，且公告涉及公司重大资产交易及股价敏感信息，公告就必须先经董事会讨论。”华润再次强调了他们的关切。

有趣的是，就在这个蹊跷的时间点，市场开始流传华润集团与宝能的姚振华是一致行动人的传闻。

“被一致行动人”的华润集团与姚振华

在引入深圳地铁董事会投反对票事件后，姚振华从主角一下子变成了可有可无的配角，人们关注的视线瞬间聚焦到了华润集团身上，这让留英回来一步一步发展到华润集团董事长的傅育宁博士与华润集团感到了深深的压力，他们没有想到，这把火这么快就烧到了自己身上。

虽然已然成了配角，但姚振华的日子并不轻松，他满嘴起泡，明眼人一看便知道他着急上火。但他还是个工作狂，第一个到他位于深圳的办公室上班，最晚一个离开并不是什么新鲜事。

他还能一个接一个地开会，会上都像打了鸡血，精神抖擞。他认真地听给他汇报工作的人的建议，反应特别快，对于此前没有接触过的银行、证券、法律或其他专业术语以及说法，只要稍作点拨，他马上就能搞清楚，极其聪明，并且能快速做出决断。

当然，他还谦逊，态度温和，对汇报工作的人都称“兄弟”（这在商界真是小清新）。

姚振华在工作上的态度和与人交流的方式，与外面流传的《红楼梦》里进大观园刘姥姥的形象似乎拉得有点开了。

最让人捉摸不透的是，市场公开信息挖地三尺，把姚振华使用“收益互换”或者通过信托融资的细节与使用详情披露得越来越清晰，但对于他的个人生活，除了有关于他和女秘书结婚这个传闻外，其他什么也没有。

他甚至在47岁时还是单身。在满嘴起泡的光景里，他都回到自己位于深圳的家里居住。

姚振华之前甚至都没想过他对万科A股票的购买走到了今天这一步，现在的他每天都在面对银行、证券、保险和与这起举世瞩目的商业事件相关的专业人士。

姚振华内心的焦虑可想而知。

在华润集团派驻万科的董事，向深圳与香港监管机构反映万科程序违规的那些日子，姚振华甚至在与中国恒大接触。他与许家印见过面，商讨的不外乎是姚振华手里持有的万科A股票的问题。

见诸公开信息的是，许家印与傅育宁在“两会”时见过面，他们一起说了话，还有两人因聊到什么开怀大笑的照片流出。

这些信息让万科的管理层感到担忧吗？

担忧源于不安全感。

6月17日董事会后，独立董事华生披露了他参加董事会的一些细节：

万科管理层与华润保持了频繁的沟通与接触，这也是当姚振华第一次把自己买成万科大股东后，华润出手增持，夺回第一大股东的原因所在。

作为一家央企，华润集团还有许多业务板块，他们甚至要兼顾自己的发展，他们不是一座金库，不是随时都能从中取出钱来。

当然，如果华润集团的确缺钱，从金融机构角度讲，金融机构是愿意在关键时刻向它们提供资金支持的。只是从二级市场增持万科，对于华润集团来说是不是关键时刻，以及这一增持举动对万科A二级市场股票价格的影响，华润集团如何权衡，是个问题。

华润集团向万科表达了自己的难处，并表示不反对引入新的战略投资者。万科曾经筹划过增发H股，没得到华润集团的支持。

“不巧”的是，就在这时，姚振华又已经伺机从二级市场把自己买成了万科的大股东。就在大家都注意到华润集团以增持的举动，表达了对万科管理层的支持时，姚振华并没有被吓跑，他又主动出击，以时间换空间，把自己买成了万科 A 的第一大股东。

万科管理层想过紧靠华润集团这棵大树（然而并不坚定），他们谋求华润支持，甚至也动了与华润集团的地产子公司华润置地整合的念头——这是华润集团多年来想实现而并未实现的夙愿，两家具有相似业务同业竞争的公司，竟也相安无事地走过了15 个年头。

在可行性论证阶段，这一念头被华润否定了，这体现出了华润集团不想乘虚而入的央企风范。

接下来，万科 A 停牌了。

按华生披露的说法来看，华润集团在这个阶段动用资源比较难，建议万科管理层接受宝能。

对于一开始就拒姚振华和宝能于门外的王石来说，接受这个条件，莫过于听到一支铅笔被生生折断的感受。这种感情对于创始人来说尤为如此：怎么能忍心自己养大的孩子被别人抱走呢?

这不禁让人想起王石与姚振华第一次见面时，姚振华反问了王石一个问题，他说，如果华润不再是万科的大股东了呢？不知王石有没有细想过这个问题。

然而，公司并不是孩子，它是商业世界的一种形态，它在复杂的环境里，要么“生老病死”、兼并重组，或者顺风顺水，一路向前，但总是动态变化的，就像这个世界的一切，变化是永恒的主题，那些“岁月静好，现世安稳”，不过是经历者的一种心态。

万科的管理层提出了替代性解决方案，比如另寻国企参与重组，华润后来表示可以，对于引入深圳地铁的方案，华润总体没表示反对，但表达了重组后仍保持第一大股东地位的想法。不过，从投票结果来看，华润对于万科管理层提出的方案细节有不同意见。

没人知道语境后环境的变化，商业世界的博弈时时刻刻在发生。

微妙得就像人与人之间的关系，说变就变了。而商业世界博弈的背后，是不同人对于同一事件的不同看法推动的，体现的是人性力量的角力。

有一点是肯定的，王石、郁亮与万科管理层如何确保他们引入的方案继续保持华润集团大股东的位置，这是一个根本性的问题。比如，华润集团对万科 A 定向增发给深圳地铁的逻辑不支持，合理的理由是会摊薄股东权益。

华润也不是没有动过其他的念想。比如，救市时，中证金曾经买入了万科 A 8.92% 的股权，但至少到万科 A 复牌，华润的股权没有什么变化。

万科 A 的股权之争走到董事会投票决定引入深圳地铁方案是否通过这一步，其实已经把华润推向了必须表态的关键节点。而走到这一步，一家民营企业受到了王石的轻视与不欢迎，正撩动着各方的神经：市场化经济改革发展的主导方向，成为悬在各方头上的“达摩克利斯之剑”，怎样在规则面前保持最大限度的敬意，是不得不权衡的一个重要问题。毕竟，万科是一家上市公司，还是中国最早一批上市公司，而上市公司的规则与章程都显而易见。

更何况万科是一家多么有影响力的公司，而万科董事长的影响力更是惊人。这种影响力不仅体现在国内，还飘荡在国际。

2007 年，王石因为发表了“拐点论”，让中国的楼市在整整一年处于下跌通道，无论同行、专家与地方政府再怎么卖力扭转趋势，都是徒劳的。2008 年汶川大地震，王石在八级强震爆发的当天，对于万科只捐出 200 万元用于震灾的解释，让人们差点把这家公司与王石钉在了历史的耻辱柱上。

这家公司的董事长还曾在全球最殿堂级的美国哈佛与英国剑桥大学里访问游学演讲，美国最大的房地产公司还与万科达成合作，在美国联合开发楼宇。这些因素都足以让各方绷紧神经，严谨而妥当地面对它——一家声名鹊起的大公司，万科。

更何况，舆情汹汹——万一小股东们亏了钱呢？监管机构要保持一个有序公正的市场环境。

国际关切也是重要因素：当时中国已经连续两次没有入选 MSCI 指数，其中一个重要原因在于 MSCI 认为中国的上市公司在许多环节需要完善，比如，随意停牌。国际媒体在报道万科股权之争时曾这样形容：“宝能集团发起的收购并没有什么稀奇的，这在美国市场上常常发生。”

怎么看起来，万科的管理层都缺一个像姚振华那样的专业团队坐阵，把证券市场规则摆在行事的前端，做到程序正义，让一切都变得经得起推敲，而又合乎情理。

尽管，万科管理层对此付出的酬劳并不低。

另一个主角华润集团——作为一家央企，迈出的每一步，每一个公开表态，有时都会带着被另外解读的可能性，这是华润集团需要顾及与小心维系的。

唱大戏的万科管理层，还增添了许多边角料。这些边角料，一些让人“瞠目结舌”，尽管他们解释这一切都“很正常而又合情合理”。

2016 年 6 月 19 日，也就是万科董事会投票是否通过引入深圳地铁的两天后，万科向香港证券交易所解释了一件事：万科高管为什么大举抛售个人所持有的万科 A 股份。

万科 A 是在 2015 年 12 月 18 日停牌的。

大约 6 个月前，也就是万科 A 处于一个上涨通道、股价很高，而又不知道接下来会“股灾”，以及几个月后姚振华会伺机买入、万科会宣布百亿元回购等等情节时，它的高管居然行动颇为一致、看法居然趋同地在高点卖出万科 A。

张纪文是时任万科高级副总裁、广深区域总经理，万科停牌前 6 个月，他卖出了 13,797,969 股，结余 21,000 股万科 A 股票。时任深圳万科总经理周彤在差不多时期也卖出了 50 万股的万科 A，清空了持股股份。

24 位自然人身份的名单，无一例外地来自时任万科的董事、监事、高级管理人员和经办人员，或者与他们相关的亲属，其中有 17 位清空了万科 A。也就是说，他们当中有约 70.8% 的人觉得未来万科的股价不可能比这高了，他们甚至一点也没有留，决绝地与万科 A 做了告别。

万科给出的解释是：“相关自然人已出具承诺：买卖万科 A 股票是依据对证券市场和行业判断的投资价值而为，属投资行为。事先未获知重大资产重组谈判的信息，对重组内容及方案毫不知情。”

小股东们看到这个消息时是欲哭无泪的：“我怎么就没有在高点减持呢?!”

“潘多拉魔盒”中奔涌而出的众生

韩成羽（化名）在群里转发了一篇自媒体文章，大意是如果开盘，该不该买入万科A股票，卷入“前万大战”（万科股权大战前战）。

这篇文章是2015年12月15日转到这个超过400人的大群里的，群里的人是在同一个单位工作过的前同事，他们现在要么是上市公司的老板，要么身居一些上市公司的高位，要么自己在创业，也有的在公司里做中层，但大多大学毕业。

这个群顿时炸开了锅。

A说：“宁氏（华润集团前最高管理层）放羊本无意，不想万科妄化神。”

B接了一句：“股权永远是大股东话事，我们不能忽略常识。”

A接着说：“郁（亮）抵不住，王（石）重亮相就是明证，不再风花雪月了。”

…………

这个群里就再也停不下来，一路从万科王石与郁亮，扯到证券法规，扯到阴谋论，扯到庙堂之高，朝廷之远，扯到不眠不休。

过了两天，C在群里发了一则短评，大意是王石缺乏对股东最基本的尊重，原因是流出的王石那份著名的内部讲话。这则短评直指王石心虚底气不足，认为前海人寿（实际是和钜盛华一起）从二级市场公开、透明、合法地买成了大股东，无论动机是什么，各方都应该对它行使股东权利提供最大限度的条件和便利。

一位创业成功刚刚把公司卖掉的D则在群里对C发难：“谁对创始人尊重？我支持王石。”随后，他转出一篇文章《王石向宝能系下战书：万科不欢迎！我不是吃素的!!》”

D不忘加上一句：王石讲得很清楚，对股东负责，对第一大股东引导，不要偷换了（尽管不太明白他想表达什么）。

接着，曾在这家单位担任过中层的E提出：“《宝能系的多重杠杆融资迷宫》，推荐这篇重量级分析。”然后E默默地把一篇《宝能手中还有100多亿，王石凭什么血战到底?》转到了群里（他自己的公众号写的)。

于是，这个群里在英国、美国的人，中国北京、上海、广州、深圳、香港等各地的人们加入了讨论。

有人说支持王石，然后另外一位支持王石的人便加了一句：对，这就是情怀。不过，你买万科，是支持姚（振华）总啊！那个人便回了一句：“万一不一定呢（万科不一定是姚振华的)?”

F在群里抛了一句：“王石擅长说实话（虽然有时不太照顾情绪)。他这是在对宝能隔空喊话。万科（A）大跌的话，宝能就hold不住了，华润集团再买回来就行了。”

G则@F说：“天啊，还这样想。”F回答说：“上一波华润不就买了吗?宝能赚了（华润重新买回第一大股东)。不过现在没什么大跌的诱导因素，现在玩的资本市场的游戏，宝能玩得挺大胆的。”

这是万科A停牌重组前，这个群里第一次有人提出“资本市场游戏”这个说法，这在吃瓜群众还不明白接下来会发生什么故事时，最接近事后发展的分析。

宝能虽然使用了各种杠杆，但它的主人真是个狠角色，玩得又准又狠。

H跟进说，这种位置高位增持是最差的办法了。让它先买到30%，然后让证金砸，让华润砸5个点出来，让身边熟悉的机构猛砸，砸出大坑来，低位增发，直接打爆宝能的杠杆资金。

这个群里的人们为万科事件已操碎了心。

ABCDEFGH君和其他人，甚至一直盯着群里消息的闪动。F君情绪激昂，作为在香港工作过的人士，他对金融工具的运用与分析，有着浓厚的兴趣，还找过投行里做金融产品设计的大拿拆解过引起香港震动的雷曼迷你债券、摩根士丹利精明债券等。

他甚至觉得，姚用的这些金融产品与金融杠杆多么地初级啊，为什么广大的吃瓜群众居然对此知之甚少。

不过，从群里抽身而出的人们终究会回到他们的现实生活中。

D君私下里讨论：群里人们的观念相差真远啊，多元化得特别厉害。

这就是个多元丰富而鬼魅的现实世界。

还在别处上演的有：万科董事会成员的大戏。事实证明，戏份太多。

华生一直致力于让自己扮演一个合格而出色的独立董事。

开完董事会后，华生迫不及待地要把所思所想所见昭告于众。

他开始在媒体上撰文，以便清晰地表达：

“当时一边听我一边想，这么多重要信息，并非不可或不应披露，我这个董事会成员一无所知，难怪中小投资者要埋怨赔钱。信息披露工作真该大力改进。

“万科和华润答复后，我又进一步提了两个问题：第一，现在矛盾焦点是不是华润和深圳市政府争第一大股东，双方没有达成一致？我认为价格是次要，因为这是一个大的战略合作，价格可以通过评估和协商。这一点还不是很明确，双方在第一大股东位置上达不成妥协？都是国企、公有制企业，怎么就不能协商呢？”

华生完全没有意识到，作为一个独立董事，由他来披露这些信息是否合适，万科管理层有一个高管职位是董事会秘书（以下简称“董秘”）。

“第二个问题，我关心的是中小投资者利益。如果否定深圳地铁重组预案，华润又没有有吸引力的资产注入或其他方案，会造成股价大幅度下跌，对广大中小投资者利益造成损害。华润这方面有没有什么对策？”

华生十分关心万科当时的境况。

“华润方面回应，谁当第一大股东华润与深圳市已达成一致，同意恢复华润第一大股东地位。具体实现环节比较复杂，华润主张现在不搞股权重组，可以用现金购买资产，待此完成后，再考虑择机向华润和深圳地铁定向增发比如10%的股票。对我问的第二个投资者保护问题则没有回应。”

至此，华生成功地把华润的策略讲了出来。中小投资者听见了，姚振华听到了，姚振华的宝能集团与前海人寿听到了，以及姚振华邀请的专业团队也听到了，所有人都听到了。

接下来，华生表达了他的投票意图：“进退两难又大限将至，我还真没遇到这么尴尬的局面，心里恨不得骂人了。现在四名独立董事，一名提出回避表决，一名在前面发言时说自己现场考察过预案涉及的土地项目，赞成预案。另一名委托我投票。对立双方现已各自阐述了自己的理由，而我既没可能再去一一验证各方的依据，又无法回避投票，手中的票还决定着已停牌半年的重组预案的命运，到底怎么投？作为并无一股的独立董事，我有权帮股东决定这么大利害关系的事情吗？”

当然，结果其实并无太大悬念，华生对重组预案投了赞成票，然而并没有什么用。

就像在一群人围坐讨论时，最沉默的那个人往往是高手一样。华润集团显得特别地沉稳与低调，它像定海神针，像一切变数中的终极变量，然而它坚定地对引入深圳地铁按下了暂停键。

第三章　“宝万之战”，还是“宝王之争”？

陈凯歌导演的电影《梅兰芳》里有这样一出戏：老戏骨十三燕要求与冉冉升起的新星梅兰芳一决高下。十三燕曾经是家喻户晓的“伶界大王”，而梅兰芳刚刚崛起，不过眼见在两人唱对台戏时，十三燕落于下风，但他还是决定要与梅兰芳比一场。

这场比赛的输赢已经不重要，重要的是，这场比赛后，十三燕命卒于此。临走前，十三燕留下一句话：输不丢人，怕才丢人。

商界与文艺界对待事情的态度可能不同，但对于宝能集团的姚振华来说，他便像是一个打持久战的选手，尽管时间并不站在他这边。他并不轻“敌”，破釜沉舟。

而对于万科管理层与时任董事长王石来说，他们对当下发生的一切并不十分陌生，尤其是王石，曾经用短短几天时间破解著名的“君万之争”（君安证券与万科管理层的控制权之争）。毕业于北京大学国际经济学系的郁亮在此时从万科脱颖而出，此后身居万科总裁的位置，在当时万科管理层中的地位仅次于王石。

然而，今夕何夕，人世间的故事就像一个个轮回。万科公司在几年前刚过了 30 岁生日，而立之年，在成年人的世界里意味着一种责任与担当。

也许正因如此，王石觉得自己在万科这家公司已“功德圆满”。外界认为，他开始疏于对万科的管理，也疏于对这家公司的管理要求，重新把视线转移到除万科以外更重要的事情，比如身体健康，比如爱情。

在 2016 亚布力论坛夏季峰会的西北大学分论坛上，万通集团创始人冯仑评价他的校友马蓉与演员王宝强的离婚事件时曾提及：“爱来如山倒，爱去如抽丝。”这句话用来形容爱情中的饮食男女都不为过，对王石与田朴珺来说又何尝不是？

宝能集团姚振华率着他的铁骑在万科A的二级市场成功偷袭之前，王石正在经历一场轰轰烈烈的爱情，媒体上时不时会曝光一张他与年轻女朋友田朴珺的合影，比如在意大利米兰，王石揽着田朴珺的肩的照片。不过，王石与田朴珺的故事被踢爆源于网名为“哈瓦娜呐”的田朴珺“不经意”在新浪微博上贴出一张“笨笨红烧肉”的照片，而做这道菜的主角正是王石。

王石与田朴珺的状态，显得只羡鸳鸯不羡仙，美好而丰富多彩。没人会预料到，年过30的万科会在刚庆祝而立之年后不久，便面临巨大挑战，被带入一种前所未有的局面当中。

王石会因欧美访学这几年逍遥生活、缺位于对万科更细致关照而感到懊悔吗？还是他已从爬山、赛艇、爱情、挣脱婚姻的桎梏与游学中感到了人生的完满？

可是人生轨迹是单行道，无法回到当初出发的地方，至少在当下，王石并不觉得万科的股权之争已无法把控。相反，他正在极力抗争，为他亲手建立起来的万科管理层团队赢得更大的自主权。

与其说发生在神奇的中国大地上的这出“宝（能）万（科）之争”是一场离奇商战，不如说这是王石与宝能的战争，王石与姚振华的一场战争，以及旧有情怀与变化的资本市场规则的一场战争。它让人唏嘘感叹，演绎着盛情悲歌、英雄迟暮、荒诞不经和人性繁芜。

危机蛰伏（王石的“红烧肉门”与欧美访学）

田朴珺穿着一袭白色裙子现身，取材有点旗袍样式的裙子上，精致地绣着蓝色的眼睛，与红色唇形般的丝线图案相间点缀，裙子从肩部带白色披风垂地，长裙紧裹脚踝露出黑色高跟鞋。

2016年7月6日，网上流出一张田朴珺在上海一酒店出席活动的照片。这是万科股权之争以来，田朴珺第一次高调亮相。

田朴珺亮相的着装显得华贵，面带浅笑，这个场景，有点似曾相识——几年前爆红的一部叫《甄嬛传》的电视剧里（虽然她在整部剧里的戏份加起来也就十来分钟)，田朴珺饰演敦亲王福晋。

敦亲王是一个脾气乖张的人，对旁人态度向来不好，但对福晋却很好，百依百顺。田朴珺以敦亲王福晋角色出场时的气势与面部表情，像极了在上海出席活动时的那个场景。

这就是田朴珺。

她被称为“王（石）的女人”。

在大部分人的印象中，王石像一颗热度十分的太阳，把光芒与温暖投射到了她的身上。这带来的结果是，只要有他们一起出现的照片，都会被津津乐道半天，热度久久难以散去。

田朴珺给人的印象是十分热情与周到的。一个偶然的机会，我与田小姐在美国见过一面，吃过一餐饭。她主动给朋友夹菜，并不高冷，让饭桌上的氛围显得很圆融。当时我的感受是，王石喜欢她可能与她在这些细节表现出来的优点有关，她有她独特的地方。

王石甚至不介意田朴珺在任何地方提到所有与他相关的事情，无论是见诸报章，还是田朴珺为媒体撰写文章，他表现出来的宽容、理解与沉默，带着浓浓的爱意。在人们认为王石被消费、被利用、被田朴珺拿来炒作时，王石不但不回应，还乐见其成。

被称为王石好友的周桦在“宝万之争”最激烈时公开提及，在初听说王石与田朴珺在一起的消息时，“大大、大大吃了一惊”。在他的印象里，王石是一个说话生硬、几乎与绯闻绝缘的人。为此，他还专门打电话给王石多年的秘书周慧，周慧在电话里哽咽地说：“相信老板吧！”

在与田朴珺的相处中，周桦觉得田朴珺没有想象中那么有心机，也没有她对外界表达的自己思想有多深刻。不过，田朴珺还是留下了聪明、急于证明自己而又漂亮奋斗着的女演员的惯有印象。

虽然他感到费解，但又选择相信：王石向来保护隐私，当他与田朴珺的故事被放大到光天化日之下时，想必心里最不舒服的就是王石了。

周桦的判断不无道理。

万科初上市时，王石曾提及，上溯20代，农民世家，没有信心对钱财妥善处置，传统农民有了钱做什么呢？修祠堂，娶小老婆，赌博。

想来，当田朴珺与他的故事被曝光时，他的心情是复杂的。不过，也许20多年过去了，王石的心态已然发生了变化，人总是会变的。

不过，王石什么也没有说，也未曾回应，这让他的形象更加立体丰满：宽容、有爱也显得有担当的硬汉。当然，外界看到的，远没有他前妻感触更深，只不过，她像王石一样沉默，甘于在聚光灯的阴影里若有若无，这一点与田朴珺倒是天差地别。

关于王石与田朴珺在一起的传闻大约出现在2012年前后。

2011年，新浪微博还处于旺盛的爆发期，王石在当时是一个“微博控”。

1月29日，王石发了一条微博：“香港飞波士顿，旧金山中转入关……”从这天起，王石正式开始了他的美欧游学计划。他的第一站是美国哈佛大学，选题是“企业伦理道德和城市规划”，计划是余下两年在欧洲度过。

那一年，王石60岁。

大约两个月前，万科成为中国房地产行业第一家年销售额过千亿级的公司。

对于万科来说，这是一个里程碑。这家公司站在了中国房地产业的巅峰，傲视群雄。

对于王石来说，这是一个里程碑。到了耳顺之年，在大多数中国人的概念里，60岁是个退休的年龄，而他创建的万科又站在了巅峰。那一刻的王石，脑子里可能闪现过“退休”的念头。

然而世事纷扰，王石可能从未想到，5年后，他竟然以这种方式、在这种时机重新回到万科，为他一手创立的公司再重新拼搏，这让人不得不联想到“悲情”二字。就像荣光（Honor）终会成为历史，但人们仍然为了荣光而战。

到哈佛大学访学后不久，一位媒体高层意外地在哈佛大学碰到了王石。当时王石与一位年轻女性在一起，关系很自然，没有丝毫别扭，但凡有过婚恋经验的人，都可能会感觉到那种关系意味着什么。

后来，王石与一位年轻女性在一起的传言，就像中国的房价会涨还是会跌一样，成为了茶余饭后必然的谈资。这个传言越飞越高，越飞越远，惟妙惟肖，被精确到时间、地点，王石与年轻女朋友的表情、着装、神态，口耳相传，越吵越热，成为了一段传奇的八卦。

一年后，2012 年 1 月 29 日，在王石决定延期哈佛大学的访学前后，一位名叫“哈瓦娜呐”的微博博主发了一条微博，微博的内容是一盆红烧肉的照片，配文是“终于吃到笨笨的红烧肉了”。

一时间，媒体炸了锅。

人们发现，“哈瓦娜呐”正是王石年轻的女朋友，名字叫田朴珺。田朴珺晒出红烧肉，又言必称“笨笨”，那么，红烧肉是王石为田朴珺亲手烹制的，王石是田朴珺的“笨笨”便再合理不过了。

随着王石与田朴珺恋情关注度的不断升高，“笨笨红烧肉”成了一个网络流行词。百度百科还专门创建了一个“笨笨红烧肉”的词条，并位于“笨笨红烧肉”关键词搜索出来的首条位置，这足以见得人们对王石和田朴珺的恋情关注到底热到了什么程度。

网友们觉得“笨笨红烧肉”诚意可赞，但卖相实在不怎么样，建议王石去厨师学校学学烹饪。

好伙伴们不忘为这段恋情添油加火。

SOHO 中国董事长、总裁潘石屹张欣夫妇，在微博中这样调侃老朋友王石：“王总恋爱了，网上一大堆为我操心的网友，让我一定管好老潘。啧，怎么没人为老潘担心呢？哼，性别歧视！”

看热闹不嫌事大的微博大 V、中国著名地产公司华远集团前董事长任志强在微博上转发了张欣的微博，并评论道：“小潘无能啊，被张总公开地调侃，性别歧视！”

吃瓜群众们在闲暇之余乐呵呵地看着一出喜剧上演，高潮之后，还是高潮，欲罢不能。

王石与田朴珺的恋情至此已大白于天下：无论你信不信，王石和一个叫田朴珺的年轻女人真的在一起了。

王石的世界不再是万科。王石的世界还有田朴珺。王石的世界在一段时间内只有田朴珺。

田朴珺从此是“王的女人”。

王石与前妻离婚的消息传出。

王石变了。他的着装越来越潮。他与田朴珺一起乘飞机。王石在英国、美国、中国。王石与田朴珺一起去看望出狱不久，在75岁高龄创业的红塔集团前董事长褚时健。

人们正在或已经接受了王石的女朋友是田朴珺这个事实。一位曾与田朴珺一起吃饭的人士谈及了田朴珺说到的一个细节：

“王老师（田朴珺称王石为‘王老师’）在英国剑桥大学彭布鲁克学院上课，有一天早晨，王老师有课，外面下着大雨，他不想迟到，骑着自行车赶去上课。赶到时衣服湿透了，他到洗手间把衣服脱下来，把水拧了拧，又穿上，回来时衣服又干了，王老师就是这么一个有规矩的人。”

说这番话时，田朴珺正在美国游学，只不过她游学的方式不同于王石，她和一群来自中国的企业家，参加了一个游学的课程。与此同时，田朴珺正在拍一个与纽约相关的视频节目，忙得不亦乐乎。

“下个月准备去看褚老先生。”田朴珺说，她没有提到和王石一起。不过，没多久，媒体报道中出现了王石去看望褚时健的新闻。

田朴珺是王石的女朋友，她正在努力扮演好这个角色。

《甄嬛传》里，田朴珺扮演的敦亲王福晋，曾在皇帝爱妃莞嫔失宠时，带着礼物到碎玉轩看望莞嫔。后来敦亲王被削爵，莞嫔为报当时福晋的滴水之恩，向皇上请旨封敦亲王之子一个虚爵。

一位曾请田朴珺帮忙邀请过冯仑做嘉宾的前银行高管透露，田很快就答应帮忙，也邀请到了冯仑到场，令她心存感激。

与田朴珺接触过的一些人，为她积累了好的口碑：她想证明自己并不依靠王石，也的确努力在提升自己。

王石与田朴珺的故事在流传。中国的经济在飞速发展。中国的资本市场在快速变化。中国的房地产市场正在越调控、越失效，越失效、越调控的魔咒中“失速”发展。王石在美国与欧洲。而此时的郁亮，在万科的位置仅次于王石的公司总裁，遇到了中年危机，正在用爬山与跑步的方式对抗那个必然到来的自然规律。

2013年5月17日，郁亮发回信息说：“刚到8400米3号营地。我祈求珠峰女神明天能让我到顶峰看看，并让我平安下撤，我将向第三女神敬献一路带上山的哈达！”第二天，郁亮登上了珠峰，10年前的5月，王石首登珠峰。

万科呢，它在看似正常的轨道上突飞猛进。然而，危机可能正在潜伏，好运气会一直有吗？

2014年的中国大地上，和过去的几年、几十年一样，都在变化，发生了各种各样的大事、小事。不变的是人们的生活依旧，循环往复，黑夜白天交替，四季轮换。

这一年，华润集团换了大Boss，傅育宁担任董事长。王石好朋友周桦引述和万科老员工的聊天提到，傅育宁接掌华润对万科来说再好不过，他出身招商局，有深圳蛇口创新开放的DNA，老王（王石）也基本是深圳蛇口风范，他们俩有天然默契吧。

然而，一位认识傅育宁的人提及，万科管理层与华润的沟通常常是由郁亮完成，至于王石，自从他去美欧访学后，似乎已经忘了人与人之间的默契是源于更多的往来、沟通、交流与释惑。至于万科老员工提到的傅育宁与王石的“天然默契”，在此后的万科A股权之争事件的变化中，并没有展现特别之处。

相反，这位人士提及，王石对傅育宁表现得并不那么尊重，傅育宁接任后，王石的态度显得“傲慢而不屑”。这一说法并未也无从求证，至少从王石一贯的风格来看，这并不是不可能的。

在2016年6月17日那场万科引入深圳地铁的董事会戏剧性投票上，华生是这样表述华润的顾虑的：

“华润不反对万科和深圳地铁的合作，但在没有具体交易框架时，华润不方便提出具体意见。对于万科在停牌时并没有预先向华润打招呼、与深圳地铁合作的框架协议未经华润同意披露这些问题上，华润认为万科是有很多缺陷和瑕疵的。

“宝能此时是万科第一大股东，万科的任何重组没有宝能同意很难推进。华润已与宝能接触，宝能不反对华润成为第一大股东。华润也与深圳市政府有很多沟通。在最近的协调会上，华润表示，如果按照公司目前的增发规模，影响华润恢复第一大股东地位，又较大摊薄宝能的股权，也没有解决股权分散问题，宝能很可能投反对票。华润因此表示不赞成。如果一定要增发股权，华润希望把华润恢复为第一大股东情况一并考虑，并提出一个方案。”

这段话传递出了两个意思：华润认为万科管理层不尊重大股东华润集团的意见，宝能认为万科管理层不顾及作为大股东的宝能的意见；万科的管理层对万科的事由正表现出绝对的控制欲与话语权。

15 年来，万科的管理层已经习惯了和大股东的这种“相处方式”，甚至觉得这应该是理所当然的。

王石的朋友周桦在一篇公开撰文中提及，在王石发表那番针对宝能的、有点“下战书”意味的内部讲话的前一天，他和王石一起去见褚时健的儿子褚一斌。一个背景信息是，截至当天，宝能集团持有的万科 A 股份已达到 23.52%。

周桦问王石，是不是打算说些什么。王石回答说，必要的时候万科管理层当然要表明态度。他对周桦提到，不欢迎宝能的原因，一方面是对宝能的资金来源表示疑惑，另一方面是华润作为大股东对万科的支持，宝能不可能做到。

直到发表“不欢迎宝能宣言”那一刻，王石依旧认同大股东华润一直以来的支持，那么，短短几个月内，到底发生了什么，让华润这个大股东与万科的管理层出现不和呢?!

在外界看来，第二天对姚振华“下战书”这一招，体现了王石的管理团队缺乏平等、友好的沟通技巧！就像一个成绩好的孩子，被老师批评了，就威胁从此以后不好好学习。这次王石针锋相对的是万科实际上的又一个大股东！

王石正在舆论方面失据，就像他过去在“拐点论”与“地震捐款门”事件一样，说的话无论对错好坏，在舆情的关键时机上，是显得不合时宜的。

好好沟通是王石的风格吗？未必，至少当王石的心理天平没有被征服前，这是有障碍的。

王石是一个有能量场与满满气场的人，他一手缔造了中国房地产市场最优秀的房地产公司之一，他身上的光环，已经伴随着他的气场与能量场一起上升，所向披靡。自 20 多年前的“君万之争”以来，王石就没有遭遇过比那次更大的挫折，顺风顺水，志得意满。

“在股市中，高智商根本不是一种优势。实际上，聪明可能成为阻力，因为聪明往往与自我主义和过度自信相伴，而太过聪明的人总是试图证明自己比市场聪明。如果某些做事方法和他们习惯的方式及过去的经验相违，他们会停止学习，堵住自己的耳朵。”在著名投资分析者欧奈尔写的《股票投资的24堂课》中有这么一句话。

如果把这句话用在一些公司高管身上，大致可以这样表述：他们不习惯变化。习惯是一个奇怪的东西，如果一个习惯被改变了，他们就会生活得不习惯。

“君万之争”的魔咒与轮回

2016年9月17日，上海家化原董事长葛文耀发了个微博，他在微博上写道：“三年前的今天，我离开了家化。仅三年，有着这么优秀的市场和财务基础的企业，注定被搞得败落了……”

因股权之争带来的控制权旁落，葛文耀离开了上海家化。作为一个经历过资本入侵后不得不离开的高管，葛文耀很关注万科股权之争事件的变化与发展。他曾公开表示，只要各方都按照规则办事，无论资本（华润、宝能）胜还是王石、郁亮的管理团队胜，都要尊重博弈的结果。他还专门提及，“希望王石、郁亮的团队要经得起查”。

这是王石与郁亮正在经历的又一次阻挡“门口野蛮人”的战争。

把视线拉回距此22年前的一个上午。

1994年3月31日，时任万科沈阳总经理鲁东勇呜咽起来：“我突然不知道未来的家在哪里了。”

对于当时的万科管理层来说，这是一个惊心动魄而又关键性的时刻。散落在万科13个城市的老总，火速被召回了位于深圳水贝的原万科总部。他们齐聚这里，共同商议如何面对由君安证券联合发起的“改组万科董事会”之争，如果稍有差池，万科将面临管理层换人、创始人王石出局的戏剧性变化。而这变化正像南方城市惯常面对的十几级台风一样，以迅雷不及掩耳之势压过来，打得王石有些措手不及。

鲁东勇打破沉默，说：“我们在前线打仗，后方却着火了！”

据王石出版的《道路与梦想——我与万科（1983—1999）》中提到，时任君安证券总经理的张国庆和副总经理张汉生来到了王石所在办公室，落座后，张国庆与王石对谈起来，他提到君安证券准备在下午开新闻发布会，内容是给万科的经营战略提意见。

王石感觉有些蹊跷，还嗅到了火药味。更让他狐疑的是，张汉生让他不要参加发布会。随后，张汉生补充道，形势对王石来说有些激烈，将在第二天的《深圳特区报》上刊登改组董事会的建议。张国庆则一边说一边起身，准备告辞。

张国庆与张汉生在王石的办公室一共待了几分钟，却向王石砸去了一个重磅炸弹，从当时算起，距新闻发布会的时间不过几个小时。

王石的第一反应是给董事打电话。

在半小时内，王石联系到了 13 名董事，尽管他们分布在美国、加拿大，以及中国的北京、深圳、海口和青岛等地。

王石把电话打给了万科当时的第一大股东新一代公司的负责人张西甫，他是王石的故交与老朋友。

王石在电话里急切地要求新一代公司不要参加发布会，几乎嚷嚷着说完要表达的意思。

另一位股东北京中创总公司的王越陇，在与王石通话后，表达了对王石与万科管理层的支持。尽管之前同一公司的代表吴大生接电话时，对王石的态度并不这么友好。吴大生对于股东向万科提意见这点并不觉得奇怪，他甚至说，只要不违法，用什么形式，那是股东的选择，但这无碍王石争取到北京中创的宝贵一票。

王石还把电话打到了当时海南证券的人士，对方没有直接回绝王石，但也不选队站，既不开罪之前与他们沟通过的张国庆，也不开罪王石，保持着“聪明人”的举动，拿捏有度。

与海南证券的相关人士沟通后，王石意识到，作为管理层，他们与董事和股东的沟通出现了问题，这其实是个大忌——董事是大股东派驻的，他们往往需要更多了解公司的状况，才能确保他们的投资更加安全，投资利益最大化。

不过，王石已经没有时间阻止张国庆筹划已久的新闻发布会的召开。

时间和万科开了个玩笑，并不准备让它的第一季度时光过得这么快，即使仅余下一两天。

1994 年 3 月 30 日下午 3 点，君安证券发起召开的新闻发布会在深圳阳光酒店如期举行。王石感觉到了“有备而来”意味着什么——合计持有万科超过 10% 股份的股东，委托君安证券在发布会上发起了一份告股东书，内容涉及万科在经营管理中存在的问题、参股公司过多等等，当然，更具新意的点还在于，推荐 8—10 位董事候选人进入董事会，力主建立一个项目审批委员会，主要作用看起来是限制万科管理层的权力。

王石有些坐不住了，他举手示意，想要发言，但会议主持人选择性忽视了他的这一举动。

好事的记者怂动起来，有的在现场叫起来：“让王总发言嘛!”

这些声音对王石是有利的，他获得了上台发言的机会。

王石内心里显然已经打好底稿，胸有成竹。他回应了告股东书对万科经营管理的质疑，但这显然只是他发言中不那么重要的一部分，重要的是，他想利用这个机会告知与会的记者，万科将在第二天下午 2 点召开新闻发布会。

当时，42 岁的王石正在想办法为万科赢得更多的主动权与舆论支持，尽管他对万科所处的险境感到不安。

这也反映出了王石的聪明与在商场上的精明。他善于把控场面，相似的场景也发生在此后万科持有的万佳的股权之争上。

万科是一家以做玉米贸易起家的公司，在随后的发展中，涉猎零售、服装、家电、手表、影视等 10 多个行业，这也是君安证券在这份告股东书诟病万科发展战略的地方。

大约从“君万之争”后，万科开始做减法，向专业化转型。2000 年前后，万科的主营业务已转到了房地产，但仍然保留着百货食品连锁零售业务万佳。不过，出手万佳，把资源集中到房地产业务，是大势所趋。

同样在王石写的这本书中提到，1994 年下半年的一天，王石从深圳回广州，在路上想到下午发生以及晚上即将发生的事情，王石禁不住笑了起来。

下午 4 点，王石与万佳的几位股东代表见了面：占 25% 股份的广东省核电投资公司的李彬兰，占 20% 股份的华西建筑的李大海，以及占 12.58% 股份的天安代表。万科是第一大股东，占比 35%。

分析股份占有比例后，王石认为只要李大海与万科联手，双方的持股比例将超过 55%，那么其他几家就改变不了什么局面。问题在于，李大海并不准备和万科联手，相反，他和其他两家股东站在了一起，准备将万科淘汰出局。

在准备召开万佳改选董事长的董事会前，王石去到李大海的办公室，并在这里“拖”住了他，如果李大海不离开，董事会便开不了。

王石在李大海公司的会议室坐了一上午。

李大海沉不住气了，到会议室对王石说，其他董事都等着开董事会。

王石这时发话了，他建议董事会改为股东讨论大会，原因显而易见，如果李大海不站在万科这边，那么换董事长这件事就没戏了。之所以换董事长，是因为王石认为之前的董事长在管理上出了问题，可是这位董事长却与万佳另外三个股东联手了。

李大海征求了广东核电投资和天安的意见后，大家同意改为讨论会。

更换董事长的动议是万科提出的。不过其他参与者表达的意见是不同意。王石抛出 B 计划：既然有分歧，万科将股权买回来，或者万科把股权卖掉。

李彬兰与另外两个股东商量后，开出的出售价格为 2.8 元/股，10 个月前，李彬兰他们买入的价格是 1.0 元/股，这个价格显然相当具有吸引力。

王石的回复是接受这个价格，晚饭后签合同。他委托万科的另一位管理层留下签字，在三位股东的要求下给管理层签了授权书，并在授权书上注明：2.8 元/股。

晚上 8 点，三位股东齐聚准备签字，受委托的万科管理层把拟好的协议递给了下午参会的股东代表，同时对他们说，万科决定以 2.8 元/股的价格购买股票，但只买一家的，你们三家谁卖。如果不同意，万科同意以 2.0 元/股把股份出售。

这显然只是王石应对并拖延时间的一个策略——在没有想到更好的办法之前。

王石的做法惹恼了三位股东，他们提请召开特别股东大会。也就是说，如果股东大会一旦召开，那么万科就只能把对万佳的控制权交出。在董事会中，万科已经没有朋友。

不过，在商业联盟面前，商业利益是一切的核心。可是商业利益就像恋爱中姑娘的脸，说变就变，王石对这点早已揣摩透彻，他们把突破点放在了持股25%的广东省核电投资公司。

事情正如王石预期的那样发展，当李彬兰与万科暗中达成协定时，华西建筑与天安还一无所知，三方的联盟就这样被万科瓦解，万科重新夺回了对万佳的控制权。

这就是商场中的王石。

在君安证券发起的新闻发布会上，赢得舆论支持的发言机会后，王石宣布了万科第二天下午 2 点召开新闻发布会的计划。尽管只有一天的时间，他总能在这一天里做些什么。

王石与万科管理层开始计算“君万之争”中的变量：“君万之争”的关键，是君安证券联合了超过10%的股权。根据上市公司的章程，超过10%的股权，有权就特别议案提请召开特别股东大会，董事会在接到申请的一个月内必须召开股东大会，而股东大会的议程，则是前面提到的增加 8—10 名董事入董事会，建立可能限制万科管理层权力的项目审批委员会。

正如瓦解万佳三方股东的联盟一样，王石要做的是瓦解10%的联盟。

在君安证券联合的股东中，有新一代公司，拥有当时万科已发行股份6.2%的股权，而海南证券则拥有 1.1%，余下的 3.43%，便是君安证券持有的。

6.2%股权的持有方，是万科当时的第一大股东，前身为深圳市特发集团有限公司（以下简称“深圳特发集团”），是王石前往深圳创业时一直挂靠的单位，凭借深圳特发集团的资源和个人的聪明才智，王石创业挖来第一桶金。

“君万之争”爆发时，代表深圳特发集团履行管理权的，正是与王石同一时间进入深圳现代企业的故交张西甫。这也意味着，赢得宝贵的一天时间后，“君万之争”的悬念正大大减小。

王石准备争取张西甫的支持。

从君安证券在深圳阳光酒店的记者会现场离开后，王石回到了位于深圳水贝的当时的万科总部。

王石打算邀请张西甫到这里来小叙。在这里，张西甫把与张国庆合作的过程向王石和盘托出：几大股东与君安证券签署了保密协议，这么做的原因是王石听不进意见，保密提意见的效果更好。

王石力劝张西甫退出联盟。

这是一件让张西甫有些为难的事情。原因在于，新一代公司与君安证券签订的授权在6个月内不可撤销。

也就是说，从法律意义上讲，即使张西甫宣布退出联盟，这份委托仍然生效，除非新一代公司和君安证券协商变更委托书，或承担违约责任。

当然，更关键的是新一代公司的意志有多么坚决：他们签署了退出倡议，以及退出委托君安发出倡议的声明。

以王石为代表的万科管理层赢得了关键性支持。这并不代表已经赢得“君万之争”，毕竟，法律文件并非儿戏。

王石不能把希望仅仅寄托在新一代公司，不能完全阻击新一代公司6.2%的股权，王石只能把赌注压在君安证券的联盟持股不超过10%这个点上。如果以新一代公司的6.2%的股权加上君安证券的3.43%，合计持股量为9.63%，也就是说，如果君安证券还能把持住0.37%的万科股份，那么特别股东大会将有权提请召开，如果特别股东大会被提请召开，那么其后的事态将更加难以控制，王石要为这0.37%的股权而战！

问题回到了最初：走不通事实上联盟新一代公司这条路，只能把赌注压在所有能筹集到的超过0.37%股份的关联方上：这些关联方有持股1.1%的海南证券，持有2%国有股股权的深圳市政府投资管理公司。

在与深圳市政府投资管理公司的沟通中，王石得到的答复是：君安的张国庆找到了他们，你王石也寻找支持。也弄不清什么关系。谁也不支持，谁也不反对，弃权。

这对于王石来说算得上利好消息，对谁也不支持，已经意味着支持。

决定胜负的砝码无形中压到了海南证券身上。王石安排一位名叫郁亮的年轻人，去和海南证券沟通。

这对海南证券也是左右为难的事情。不过，郁亮成功地完成了任务：海南证券给出的表态是，对万科与君安证券谁也不书面授权，也不会撇清与君安证券的关系。

有一点是对王石有利的：君安证券不能借海南证券名义反对万科。这与深圳市政府投资管理公司的态度有点像。

两位关键持股方沟通后的结果是，“君万之争”正在陷入僵局，君安证券仍需的0.37%的股份还没有着落。不过，如果股市开盘，君安筹措资金从二级市场买入所需股份，王石与万科该怎么办?

王石当务之急是一边找到让万科继续停牌的正当理由，一边让这场争夺速战速决。

王石与管理层找到了一个关键的证据：“君万之争”中君安证券方的一位参与者承认参与其中，而这位参与者的名字出现在近两个月购买万科股份的名单中。也就是说，如果起诉，这位参与者可能涉嫌内幕交易，如果再联想到“君万之争”，能有证据坐实的话，则可能涉嫌操纵股票交易。

这对君安证券是致命一击。

王石与万科管理层用5天时间赢得了“君万之争”。

“君万之争”中有一个插曲。就在王石从君安证券发起的记者会返回万科位于深圳水贝的总部时，他派人去邀请张西甫前往水贝一叙的同时，还干了一件事情：安排寻找法律专家。

就在法律专家从广州紧急赶到深圳水贝万科总部时，王石却辞退了她，原因在于王石从新一代公司授权委托君安证券的委托书上，看到了法律顾问的落款为中信律师事务所。王石认为这位律师与中信较量势单力薄。

在“君万之争”过去22年后的这个夏天，王石与万科管理层正在陷入“宝万之争”“宝王之争”中，一位曾在当时接近“君万之争”的人士透露，他曾听说万科发行B股时，与万科的包销商之一君安证券负责人张国庆达成过口头协定，如果包销出现问题，发行成功后，万科会想办法在随后回购这些股份。

这个说法无法联系到张国庆进行求证，也无法联系到王石进行求证。

初出市场的君安证券承担着包销万科B股带来的资金压力。在君安证券发起“君万之争”时，仍有1000万股万科股份砸在手中，君安证券包销万科

B股时的成本价约为12元/股，而当时的市场价在9元/股左右，算下来，这些股份在当时出售将亏损约3000万元，这对于君安证券来说，是难以承受之重。

一位君安证券前人士透露，张国庆前些年在深圳参与组建过一家投资公司，但并没有怎么发声。

而上述接近“君万之争”的人士透露，从精神上承受的负担来看，张国庆过得并不好，现在在“吃斋念佛”。得知新一轮的股权危机正在万科上演时，他给朋友回了几个字，大约是说王石不是好人。

在“君万之争”结束后，王石在书中曾提及，他想起一句老话，君子报仇，十年不晚。君安没有得逞，梁子是结下了。

今夕何夕。

大股东华润：公司做大了，就是别人的了……

姚振华坐立不安，内心十分焦虑，但他试图让自己在表面上看起来至少是平静的，比如，他还是习惯称兄道弟。

负责万科引入深圳地铁并购案的项目团队正四处奔走，他们想做成这单生意，不仅因为这是一桩赚钱的生意，更重要的是，这桩国际关注、影响资本市场、影响中国地产业的并购案，将写上他们公司的名字。

这个团队与万科的管理层保持了紧密的沟通。他们夜以继日地加班，一次次地修改并购方案，忙碌而充满着希望。

项目团队周旋于万科管理层和宝能集团间，据接近宝能集团的人士透露，项目团队甚至代表万科管理层向姚振华表达过这样的想法：如果他同意万科以股权换土地的方式引入深圳地铁，那么万科管理层有意做出妥协，让姚振华成为万科的第一大股东。

“姚振华并没有看方案就做出回复：不同意。”他说。

作为股东，姚振华和华润集团的关切是相似的：且不论对价是否合理，万科账上趴着足够多的现金用以支付深圳地铁的土地款，为什么要用股份来支付？在大股东的眼里，万科的股份在此时比现金更值钱，更有效用，更能决定万科事件的未来走向。

为了表达诚意，代表万科管理层征询姚振华意见的项目团队，甚至把方案交给姚振华过目。

不过，上述说法没有得到万科、宝能集团以及华润集团等各方的证实。

这是股权力量的体现，姚振华对万科 A 的持股量已经超过 25%，是举足轻重的大股东，这种重要性正在超越做了万科 15 年大股东的华润集团，至少在王石与万科管理层层面是这样看待的。一个可以佐证的点是，华润集团的董事在向深圳与香港监管机构反映万科“程序违规”时，提及万科管理层在 3 月 11 日召开的董事会中，“没有 3 月 12 日要与深圳地铁签署合作备忘录这一项”。

负责万科的项目团队与姚振华沟通让他做万科大股东这个方案，更是体现了这一点。据接近“宝万之争”的人士分析，想来，项目团队也不大可能代表万科管理层向华润集团沟通过他们与宝能沟通的方案，华润集团也不大可能对此知情。

问题显得繁芜而纠错，局面与各方势力非常微妙，变幻莫测，没有永远的朋友，没有永远的敌人，只有各方的商业利益。

直到 2016 年 6 月 17 日就引进深圳地铁作为大股东的董事会召开前夕，姚振华依然没有预料到代表华润集团的董事，在董事会上投了反对票。

董事会召开前几天，关于这次董事会上各方将如何投票，对于姚振华来说，讳莫如深、扑朔迷离。他们甚至担心，如果华润集团投了赞成票，那么姚振华从二级市场买入股票“偷袭”万科将画上休止符，而姚振华也将从一个名不见经传的潮汕商人，变为资本市场新一代公司的悲剧。

关键董事张利平非常为难。大家都在争取董事会上宝贵的每一票，而在可以争取到的投票权里，无论华润集团，还是万科管理层，如果他们把对方视为对手，那么张利平这一票将是决定性的一票。

作为瑞信中国区前主席，张利平在金融界与投行领域享有盛名与威望，他曾经代表瑞信承销过著名的中国工商银行香港与内地两地上市案，无论华润集团还是万科管理层，他都无意开罪，更何况，这是决定性的一票。

他用行为表达了选择：因关联交易回避投票。

这直接把“宝万之争”推向了另外一个新局面：结果未知而更加失控的局面。

“华润投了反对票！我们都绝望了!!!”

6 月 17 日董事会后，万科项目团队人士几乎带着哭腔与宝能集团的人沟通——他们团队所做的努力泡汤了。

这是各方都分外意外又分外意料之中的结果，而这又是一个各方都不可能完全百分之百预料到的结果。

姚振华深深地舒了一口气。

王石用华润“撕去了遮羞布”来表达他的失望情绪。如果是一个心理不像王石一样坚强的人，知道这个结果后，可能开始怀疑人生。

从过去 15 年的经验来看，华润集团对于万科来说，的确是值得尊敬的大股东。王石的老朋友任志强对此的感受颇为深刻。

大约 20 年前那个夏季的某天，时任北京华远地产董事长的任志强带着能直接换成钱的支票来到深圳。他此行的目的是与王石签合同，接盘时任万科大股东深圳特发集团持有的万科股权。

王石出版的书中提到，任志强的飞机还在气流里穿行，王石却接到了时任深圳特发集团副总的电话，大意是，他们不准备出售股权了。

两天后，王石决定再次做尝试。情绪失控的他在深圳特发集团负责人的面前拍了桌子：一巴掌拍向茶几，茶几上镶嵌的玻璃板震了震，但没有碎。

王石之所以如此愤怒，是因为他想给万科增资扩股，以加大万科的扩张力度，但遇到了障碍：大股东的资金问题。

这一次的爆发，源于王石认为深圳特发集团的负责人出尔反尔，让他感到失望，而这样的情况在过去几年里曾连续出现过，王石的内心里已开始萌发引进更有实力财团的意念。

失控的情绪没给王石与万科带来好处：尽管他去争取了时任深圳市市长李子彬的支持，在董事会对万科扩股方案进行表决时，无论是代表国有股的董事，还是代表深圳特发集团的董事，都没有投赞成票，前者弃权，后者反对。

相似的情景发生在“君万之争”，还发生在 1991 年万科的第二次扩股。

万科母公司没有参与万科的新股配售，带来的影响是，国有资产管理公司买下了这些配售的新股，并获得万科的一个董事会席位。

从1989年万科股票开始柜台交易，到1997年那次给深圳特发集团负责人“拍茶几”，万科进行了4次增资扩股。除了1993年增发B股，余下的每次增发，王石与大股东的沟通都不顺畅，矛盾一触即发。

而与大股东的沟通不畅，几乎成为贯穿王石万科履历的硬伤。这让王石对于寻找一个能全力给予万科支持的大股东的念头愈发强烈。

大约2000年前后，王石向时任华润集团子公司华润创业高管的黄铁鹰发问，问他们有没有想过收购万科？

这不是一个突兀的问题。

在稍早前，万科将怡宝蒸馏水公司卖给了华润创业，这一交易使得双方的接触变得频繁起来。黄铁鹰被聘为万科的独立董事，而王石也成为华润子公司北京置地的独立董事。

从这个细节来看，万科与华润集团的互动交流与沟通是正面积极而有效的。

黄铁鹰没有回答王石是不是要买万科的股权，倒是反问王石，为什么想要给万科找个主子。他还不忘提醒王石，公司做大了，就是别人的了。“董事长的职位是你的，你不怕华润哪天把你炒了？”

一语成谶。约15年后的今天，王石正在面临不确定性的局面。

王石的回答和他辞去总经理时的心态有点像：如果有人做得更好，炒我是应该的。从他辞任总经理的心理适应程度来看，这番话在15年前还是显得有些口是心非。

尽管如此，王石还是给万科找到了一个在当时能找到的最好的归属。从2000年8月10日开始，华润集团和它的关联公司以15.08%的持股量成为万科的第一大股东，这在万科的发展史上，怎么都有点苦尽甘来的味道。

当然，如果万科在那时完全依附于华润集团——向华润集团定向增发，成为华润集团全资控股的公司，王石与万科也不会经历今天的局面了。从这点上来说，王石与万科都失去了一个好机会，而这个机会只差那么一点点就到手了。

2000 年 12 月 2 日，万科表示向华润增发 4.5 亿股 B 股，但到了那一年平安夜的董事会投票，董事们否决了增发方案。

这个结果的好处是，以王石为代表的管理层保持了他们对万科的控制权，而那个支持他们的大股东有钱又好商量，全权支持万科的发展。

蜜月般的关系奇迹般地持续了 15 年，如果不是再次出现与大股东沟通不畅的“尴尬症”，王石也许不用再经历此番变数。

可是，“潘多拉魔盒”已然打开，梅兰芳与十三燕的生死较量已然展开：姚振华与王石“势不两立”；华润集团对王石和万科管理层的信任蒙尘；被晾在媒体火炕上高温烘烤的华润集团与姚振华一致行动人嫌疑横空出世。“恼羞成怒”而又出言不逊的王石、深谙算计与生意之道而又进退有据的姚振华、从英国留学回来严谨认真而又一步步从系统内升居高位的工科博士傅育宁，正被盛况空前地卷入中国资本市场建立以来，最具影响力、最高关注度、最考验监管智慧，而又被全民关注的股权之争中。谁都无法轻易举棋，谁也无法轻易抽身，谁也无法担当绝对对错，处处彰显着人性。

第四章　复牌与过招

“大家说，万科股票留吗？现在出有利润。”

2016 年 7 月 6 日，一家 VC 公司合伙人在那个超过 400 人的前同事大群里发问。

两天前，万科 A 复牌。复牌前一天，这个前同事群里又出现了信息轰炸般的参与者。

“已经一堆人在跌停板下单，就比谁跑得快了。”一位从事新三板相关业务的人士说。“短期跌是必然的，3 个跌停板左右应该差不多能稳住。”一位从事并购业务的人士称。

在“你们怎么操作手中持有的万科 A 股票”的一个小调查中，银行中层、房地产公司中层，股权投资与并购机构的管理层，券商以及不同行业的人士共 10 余人，他们中的超过 8 人认为会跌，其中的大部分认为将以跌停收盘。

小赌局也设起来了：第二个交易日跌停打开了，赔率 1：10。

这不禁让人想起大约半年前这个群里的对话，有人提到狠狠砸盘，姚振华将爆仓，悲惨出局。

人们之所以有这么多疑问，是因为他们对于万科停牌重组后发生了什么，复牌开盘后还会发生什么，无法有更好的判断，他们不知道手里的万科股票该怎么办，而围观群众们也捂着钱包盯着 K 线图听着段子，随时准备跳入这滩浑水中游一游。

王石与万科管理层已赤膊上阵。

姚振华闪亮登场，混战与厮杀

“提请召开临时股东大会，罢免王石、郁亮以及万科全部 11 名董事、2 名监事。”毫无征兆，姚振华突然就登场了，撒了颗原子弹，霸气！

和往常一样，2016 年 6 月 23 日，万科通知股东们将于 4 天后召开年度股东大会，讨论上一年度的年度报告与一些常规需要股东通过的事务。

和往常一样，这个消息没有激起什么波澜，淹没在了快速流动的浩瀚信息海洋之中。

湖面静悄悄。市场静悄悄。周围静悄悄。

姚振华准备出手了。

万科管理层被姚振华的大招震晕了：他居然提请召开临时股东大会，罢免万科全部董事会成员！

“疯了！”

一位关注万科的媒体高层说。

这个举动“吓坏”了市场，人们的视线齐刷刷地聚焦到了万科这幕年度大戏上。

铺天盖地的消息从微博、微信、网站、报纸、杂志和电视上滚滚而来。

华润集团似乎被震惊到了：“宝能想干什么？”

中国证券监督管理委员会有点蒙了：“你们阵仗要不要这么大？”

吃瓜群众一口喷出刚吞进嘴里的瓜：“有戏看了。”

深圳证券交易所的小心肝儿颤了一下。

A 股市场股民们：“姚振华是谁？快点去看看热闹。”

媒体平台抓狂了：“调动采编团队，紧急奔赴深圳，全平台直播。”

人们原本以为，王石与万科管理层发出的引入深圳地铁董事会投票是一记狠招，将打得姚振华满地找牙。

姚振华焦虑而无可奈何地等待命运的裁决：他在董事会中没有席位，如果华润集团投了赞成票，引入深圳地铁的方案大概率将尘埃落定。即使姚振华可以提请召开临时股东大会，否决这项议案，但从胜算上来说，已无什么把握。

然而，华润集团奇迹般地投了反对票！

姚振华起死回生！

姚振华置之死地而后生：他否决了代表万科管理层的项目团队抛来的让

他做大股东的橄榄枝，他没有把华润集团推到对立面。

满血复活后，姚振华得干点什么：开董事会没我什么事是吧!? 我提议把董事会成员全换了（满满的这片鱼塘被我承包了的土豪感）。

6 月 27 日，年度股东大会在深圳万科总部召开，主持人是时任万科董事长王石。

可以想象，王石与万科管理层团队度过了一个抓狂而忙碌的时刻，他们需要紧急应对姚振华的发难，和对王石与万科管理层一系列行为的质疑。

这是一个棘手的时刻，王石从来没有像今天一样获得如此高的关注度。无论网站、社交媒体、电视台，滚动的画面都是与他和万科相关的消息，密集地轰炸着繁忙的中国城市，人们甚至已经无暇关心这个世界还在发生什么。中国大地上，从国家领导人到走卒小贩，都没有万科这场戏这么戏剧而癫狂。

这让监管的神经绷得紧紧的。

5 天前，深圳证券交易所（以下简称“深交所”）向万科下发重组问询函，提到了引入深圳地铁方案的董事会投票中，张利平董事回避投票合法性的认定，以及董事会决议是否合法有效。

万科引述北京君合律师事务所出具的法律意见，表达张利平的回避投票与董事会的决议有效。不过，华润集团派驻万科的三位董事乔世波、魏斌和陈鹰对某些议案的表决结果提出质疑。悬念依然待解。

姚振华提出召开临时股东大会以罢免全部董事的议案呢？

毫无悬疑地，董事无一例外地否定了姚振华和他的公司提出的召开临时股东大会的议案。

姚振华被董事会齐整地拒绝了。

不过，他哗啦啦地在聚光灯下登场了，这是他提出罢免全部董事会成员达到的唯一效果，喜剧而风光。

当然，最有趣的插曲，是宝能集团的姚振华与华润集团纷纷向深交所回函：我们不是一致行动人。

事件起源于王石发出的朋友圈。

他质疑华润集团与姚振华联手，这一点引起了舆论和股民的关注。

随后深交所向华润集团与姚振华发出了关注函，让它们就双方是否有联手支配表决权数量的行为和事实做出回复。

一天后，即 6 月 27 日的年度股东大会，一位叫刘元生的股东参加了这次股东大会。他是万科第一大自然人股东，在那场万众瞩目的股东大会上，他特意在媒体镜头前露了脸。

7 月 4 日，万科复牌。

这不是一个听起来吉利的日子。在中国，7 月 4 日的谐音是：气死！和这不太吉利的数字一样，开盘后，万科 A 的股价便封在了跌停板上。

接着，刘元生又出场了。

当日，这位戴着眼镜、年岁已高的光头老股东，公开了一封他写给中国证监会、银监会、保监会、国务院国资委、深交所、港交所和深圳证监局的信。

作为万科资深粉丝与股东，他实名举报了一系列问题，直指宝能集团与华润集团是一致行动人。

吃瓜群众们开始困惑了：作为老牌大股东，华润集团对万科引入深圳地铁的方案投了反对票，这说明华润与宝能联手了？可是，姚振华提请召开罢免万科董事会成员的临时股东大会议案时，为什么连华润派驻的三位董事一起罢免呢？难道是猪一样的队友？他们到底演的哪一出？

媒体们开始帮忙了，作为社会公器，它们要让公众获得更多的信息与事实。

质疑的点聚焦到任何华润集团与宝能集团的合作上。

2013 年 8 月，华润集团子公司华润置地（就是万科想增发合并的子公司），在深圳前海拍下了一块超过 6 万平方米的地块，计划建成综合体，投资额约 200 亿元，钱从华润集团内部出。

没过多久，时任华润置地总裁的吴向东在一个公开场合提到，这个项目将引进合作伙伴，合作细则随后披露。

华润置地引进合作伙伴，原因在于购买前海地块需要支付 109 亿元，超出内部单个项目授权额度，于是双方成立了一家合资公司。

曲折的过程是，宝能这次继续玩起了财技——引入信托计划，信托由华润集团旗下华润深国投信托有限公司发行。这笔 36 亿元的信托融资中，部分用于华润置地与宝能合资成立的这家联合开发深圳前海项目的公司。这个信托计划于 2013 年底发行，2015 年 6 月到期退出。

对应的这段时间，王石的重心正好不在国内。

用合作项目说明华润集团子公司与姚振华有关联是显而易见的，若证明两者为一致行动人，则显得十分牵强，至少需要双方在万科股权上的一致行动文件或行为、事实做佐证。

刘元生的举报信急坏了华润集团。

作为央企，刚刚回复完深交所的关注函，接着被万科的资深老股东实名举报，这让华润集团情何以堪，舆论甚嚣尘上！

华润集团紧急辟谣：网络媒体上署名刘元生的举报信揣测、臆断及造谣中伤，已构成声誉的负面影响，将采取法律行动追责。

接近姚振华的人士认为，这是王石与万科管理层在“发招”。

一位也叫刘元生的人是王石的老朋友，两人相识的时间超过万科的年龄。

在一次广州友谊剧院的音乐会上，王石听了一曲《梁祝》甚是喜欢，演出结束后，他到后台祝贺，认识了香港小提琴演奏家刘元生。

1984 年，王石从广州到深圳闯世界。一年后，王石上任深圳现代企业旗下科教仪器展销中心经理，香港仁达公司的刘元生到场祝贺，这家公司后来成为展销中心的供应商。

1989 年 3 月 28 日，万科在深圳会堂举行了第一届股东大会，当晚的董事会上，王石被推选为董事长，董事会 11 名成员中，有一位名叫刘元生的董事。

算下来，王石与名叫刘元生的友情可以用伴随一生来形容。到公开举报前，刘元生持有万科 1.34 亿股股份，市值超过 20 亿元。

市场上做技术分析的人们，粗略计算了一下姚振华购买万科 A 的融资成本，认为如果万科 A 的股价下跌三分之一，姚振华抵押的股权将爆仓。刘元生当日的举报行为，对万科 A 这支股票来说，显然并非利好消息。

宝能系从 2015 年 7 月初至 12 月不断增持万科，复牌前，宝能系持有 26.82 亿股万科 A 股票，占总股份 24.26%，以 2015 年 12 月 18 日停牌价 24.43 元/股计算，持股市值高达 655 亿元。

复牌当日万科A一个跌停板，宝能系持股市值缩水66亿元，从一个炒股的人的角度讲，的确有点“气死”。

市场对万科A笼罩着一种绝望的气氛，机构与小散户的声音充斥着“逃命”二字。开盘跌停后，交易时间内就再未打开过，那些早早挂出卖单的小散，有一种欲哭无泪的悲怆感。

姚振华此刻的内心也是煎熬的，不过他对此兴许早有预料，他考虑的问题不是在此刻卖出万科A，而是如何稳住大家对万科A的信心，阻止它走向断崖式下跌的“不归路”。

这并不容易。

万科A复牌前几天，中诚信证券评估有限公司出具了一份信用评级报告。大意是万科股权变化与资产重组将对经营与管理产生影响，同时，若罢免所有董事议案通过，将使万科面临信用级别与评级展望调整压力。

也就是说，他们可能下调万科这家公司的信用评级。

从机构与小散户的角度讲，这是一种信号，暗示着万科的股价可能因此下跌。

姚振华暗中观察，早已开始筹划对策。

蹊跷的是，同样是复牌当天，一则名为《田朴珺撩汉往事，世界被这样走野路子的女人抢走》的微信自媒体文章被刷屏，一个小时内在朋友圈的点击量就超过10万。

万达集团董事长王健林的儿子王思聪在微博上转发了这篇文章，正式让这篇文章进入传播高峰。

文章之所以这么受关注，除了标题耸动外，助推的原因还在于王思聪的这段评论：“有深度的好文章，虽然公司的现状和这事儿或许没有直接的关系，但是王石多年经营的完美形象确实是因这段夕阳红彻底崩塌了。”

王思聪的评论代表了一种富裕阶层的声音，而王健林又身处地产业，这让王思聪的声音一定程度上表达了地产行业的关注。

这篇文章出手相当狠，矛头直指王石女朋友田朴珺，这简直不是要撩动资本市场的神经，而是要撩动整个社会的神经。毕竟市场上关于王石与田朴珺的传言太多了，田朴珺又显得并不低调，频繁在媒体上露面，一方面想展现独立女性的形象，另一方面又与有影响力的社会名人合影，引起一场又一场的波澜。

田朴珺与红塔集团前董事长褚时健的合影，已经在此前掀起过一场轩然大波，媒体上出现了褚时健回应合影照片事件是“给王石面子”的传言。

当然更轰动的事情莫过于2013年，田朴珺写了一篇《我的男闺蜜——你不知道的陈可辛》的文章。如果了解媒体操作的人，就会知道文章的标题兴许不是出自田朴珺之手。

在这篇文章里，田朴珺提到了香港导演陈可辛在生活中的种种小细节，她了解他的喜好，曾绝交过几次，陈可辛后来都示好求和，并提到去泰国拜会陈可辛父母。

当然，更多个人化的喜好体现在陈可辛使用的洗发水、棉签、牛仔裤的特点等等，透露着一种浓浓的暧昧气息。

这让当事人有些按捺不住了，陈可辛不得不透过公司做出回应，提及田朴珺是《中国合伙人》的投资人，是陈可辛的朋友，如果一定要说闺蜜，只有一个，就是吴君如。

作为影视圈的情侣搭档，香港著名演员吴君如也赶紧出来救火解围：“不用理会什么闺蜜或龟蜜，反正我知道他的心和（财产）归me。”

有人说，陈可辛与吴君如联手啪啪地扇了田朴珺两个耳光。不过，王石并未做任何表态。而田朴珺的名气在中国内地扶摇直上，从一名名不见经传的小演员，直接蹿到商界名流王石的女人。

这是娱乐圈爆炒演员与明星常用的手段，不过如果这个演员与中国最大的房地产公司的董事长联系在一起了，就显得非同小可。如果再带点八卦性质，那么这些真的假的消息便像长了翅膀的猪，飞得又高又远更惹人关注。

这篇署名“兽楼处”的“撩汉文”就这么搭上了光速飞机，在舆论的浪潮里波涛汹涌。它的内容实在是容易被炒爆，这也说明出手者研究过受众心理与传播心理学。

这篇文章一开头交代了田朴珺是谁——“宝万之争”危情时刻，在社交媒体陌陌平台上，以王石妻子名义直播约饭；公开做了一场《我发誓这辈子不依靠男人》的演讲等等。

这些消息无从求证，但它使用极富煽动性的语言来描述，满足了大众对娱乐八卦的胃口，甚至提到王石与中国时尚媒体某总裁的爱恨情仇，然后引出田朴珺是个“走野路子的女人”。

接下来，这篇文章把王石与田朴珺交往的过程进行了描述，并不忘在里面提到田朴珺整容、由冯仑介绍给王石认识，并在参加冯仑投资的高端旅行社组织的旅行团里与王石同团的过程。

如果说这些内容是来吸引眼球让读者们找到兴奋点的话，那么接下来谈到的与万科和商业利益相关的内容，则把王石推向了公众利益的对立面——万科是一家公开上市的公司，机构与小散户买卖万科的股票，王石与田朴珺的行为不能有损公众利益。

文章中提到，花样年公司老板曾宝宝发微博炮轰田朴珺通过万科赚钱：“田小姐口中的地产生意，就是先于万科拿地前谈地，再一分钱不出高价转手卖给万科，万科的经理人对此都心知肚明。王石号称不行贿，但这不意味着他现任女朋友不挣万科的钱，不意味着万科经理人不受贿。而自古婊子的最大核心能力不是独立，而是跪舔，只是田小姐更多了些时代的烙印，所谓互联网的精神，不要脸的精神。”

不过，微博中已找不到文章中截屏的“宝·天才小孩纸”的名字，倒是有一个新浪微博认证，名为“宝 Fantasia”的女性职业投资人，她的简介显示为“天才小孩纸”，所在地为香港，并未显示她为花样年公司老板曾宝宝。

就在同一天，“宝 Fantasia”在晚上 10 点 36 分更新了一条微博，洋洋洒洒地写了几百字，表示引用未经她同意。

“撩汉文”没过多久自行删除了，但它的影响不容小觑，已经被众多的网友截屏或转发到各个平台，在互联网时代，它已经很难销声匿迹。

这个名为“兽楼处”的公众号，注册于 2016 年 5 月 25 日，当时只写过三篇文章，篇篇号称揭秘万科内幕，阅读量爆表，点赞量惊人。

在这个万科复牌的日子，迎来了如此多狗血而劲爆的消息，如果从利益相关方的角度去看刘元生的举报以及“兽楼处”的揭秘，不得不让人感受到深深的失重感。

虽然没人出来为这两件事辟谣，但市场上的分析都趋向于认为，这是王石与万科管理层和宝能姚振华的对撕，它们的纷争已经从上市公司、董事会，转战到与万科这家公司相关的商业利益层面。如果稍有差迟，证据确凿，而又被追述，一些事件将可能触犯法律法规。

双方对此既有心理准备，又未预期到对方都已掌握了如此多关键信息。这场纷争，已进入出牌阶段，谁手里拿了什么样的“王炸”，尚未可知。

接近宝能集团的人士透露，“撩汉文”并非宝能集团的人所为，连他们都震惊，这篇文章的内容超乎他们的想象。这个说法无法得到确认，但至少可以看出，万科事件，暗流涌动。

拯救王石与万科的“白衣骑士”是深圳地铁？

刚刚参加完2016年亚布力论坛夏季峰会，65岁的万科董事长王石又马不停蹄地赶回了深圳。

“我1983年到深圳，一转眼就深圳（特区成立）36岁生日了，我到深圳33年，几乎与深圳的发展同步。这么多年过去了，我不仅是深圳改革开放的参与者，也是其中获益最多的人之一。我是深圳成长中的一个既得利益者……一个企业、一个人再成功，他是有限的，深圳的转型成功，也是中国的成功。作为一个既得利益者，作为一个有影响力的人，作为一个时间有限的人，你这个时候再不做贡献，恐怕说不定你就没有机会了……如果我不站在这里，可能明天就会后悔。只要明年这个时间我还在，我一定还站在这里。”

8月26日，回到深圳参加深圳（特区）36岁生日庆祝活动，王石不无感慨地说。

之前，在亚布力论坛夏季峰会上，王石赶在开幕式快要开始前走进会场，我与他打了个照面。他十分精瘦，神情显得很落寞，进门前无意识地低着头，入场后又抬起头来，径直往主席台右边的位置上走去并落座。

我一度想和王石打个招呼，进入会场前他的神情打消了我的念头：也许这不是个好的时机。那个落寞的神情是我不太熟悉的，也少了往昔见诸报端的自信。

连续两天，我几次在会场碰到王石，每次都动了和他打个招呼或聊几句的念头，但我始终抑制住了这个冲动。

当时我想起一位朋友写他拜会台湾作家李敖，聊完后李敖拄着拐杖离场时的场景。

那段话是这样描述的："'不看你的眼，不看你的眉，看的时候心里跳，看过以后眼泪垂。'这是李敖的《忘了你是谁》。当眼看他向我们挥手告别，转身，拄着手杖略带迟缓地踱进家门时，他的宽厚背影，我没来由地想起了这首歌的旋律……再见，一段苍茫岁月……"

那个桀骜不驯的王石，在深圳特区成立 36 岁生日会上居然提到了"宿命"二字。他说："人都讲宿命，你应该要相信宿命……"他还说："一个人的工作生命周期是有限的。"

王石还提到了"小我"这些字眼。这些话，如果放在平常，还算正常，不过，在当时的情境下，耐人寻味。听起来，王石经历了一个深长的思考历程。

万科眼下面对的局面，王石还没有找到更好的解决办法。

有时候，一个公司要解决的问题，除了制度之外，还有这个公司创始人塑造的公司文化。而这一点在王石和 32 年来的"王石的万科"上，体现得更加突出。如果一个人更爱一样东西，在处理与它相关的问题时，往往显得更加不理智，"爱之深，责之切"。

应该说，王石与万科的管理层是"幸运"的。

15 年前，他们找到华润集团解决了大股东的问题。15 年来的经验表明，他的做法，在万科这 15 年的发展历程中至关重要，是那时市场环境下能做出的最好选择。

可是，世界总是变化的，15 年前的经验，对于今天飞速发展的中国来说，也不一定适宜。

王石还要继续寻找更适合万科的大股东吗？还是王石应该放手呢？深圳地铁是拯救万科旧有文化与管理层的"白衣骑士"吗？

王石还是要试一试的。

"万科已请深圳市主要领导与华润多次沟通协调。"万科独立董事华生在他的公开信中提到了这样一个细节。

在万科的发展历程中，这并不是什么新鲜事。

1986 年 10 月 15 日，深圳市政府颁布《深圳经济特区国营企业股份化试点暂行规定》，鼓励深圳大型国营企业进行股份制改造。

王石在他的书中提到一个偶然的机会，王石看到了这份《暂行规定》的影印件，他动起了将当时万科的前身深圳现代企业有限公司（之前叫深圳现代科仪中心）进行股份制改革的念头。

两年后，深圳现代企业有限公司（以下简称“深圳现代企业”）筹备股改。递交申请后，王石就国家和企业职工股份的分配问题与时任主管体制改革的副市长朱悦宁进行了讨论，朱副市长在王石离开时问他是否向主管公司报告过申请事宜。

第二天，深圳现代企业的主管公司深圳特发集团的高管，去深圳市政府办公厅请愿，要求撤回批准现代企业公司股份制改造的文件，原因当然是深圳特发集团认为深圳现代企业与他们的沟通出现了问题。

王石并不甘心，此后，他提请时任深圳市委书记兼市长李灏的帮助与协调，最终获得深圳特发集团的许可，拿到了深圳现代企业股份化改造的批文。

一家有创新意识的公司要发展，得到当地政府的支持与帮助，这在 30 多年前的中国大地并不是什么新奇的事，而这恰恰是中国改革开放与发展的缩影。

更何况，深圳现代企业在当时是一家国有企业，在计划经济时代的中国，具有它的历史性，这也是王石能带领万科，从旧有的体制中走出来最难能可贵的地方。

这一次，作为万科的董事长，他希望继续争取到帮助。

深圳地铁重组预案形成后，时任深圳市多位主要领导曾与华润集团高层直接沟通，表达他们对于一家深圳企业命运的关注，并试图在地方政府力所能及的范围内解决问题。

之所以是深圳市多位主要领导去做沟通，想必与万科前身深圳现代企业获得股份制改造批文一样，需要走通更多的路径，才能得到更多帮助的可能性，甚至可能不仅仅是深圳市领导的沟通，还有更高层的沟通，毕竟万科是一家优秀的中国房地产公司，它的影响力又非同凡响。

公开报道提到，时任深圳市领导代表万科管理层，表达了将协助华润集团恢复第一大股东地位的想法，还用书面承诺的形式来确认这个意向，这个想法也得到了华润集团领导的认可。

不过，华润（集团）有限公司是一家在香港成立和运营的多元化控股企业集团，其前身是1938年于香港成立的“联和行”，1948年改组更名为华润公司，1952年隶属关系由中共中央办公厅变更为中央贸易部（现为商务部）。1983年，改组成立华润（集团）有限公司。1999年12月，与外经贸部脱钩，列为中央管理。2003年归属国务院国有资产监督管理委员会直接管理，被列为国有重点骨干企业。

华润集团不是深圳本地企业，一家央企与地方政府就商业运营中的事情达成约定，从层级上，还是需要获得华润集团主管单位的同意。

结果是，在6月16日的华润党组会上，更多复杂因素导致万科引入深圳地铁重组预案未获得通过，这也是为什么在第二天的董事会上，代表华润的三位董事投了反对票。

公开资料提及尽管时任深圳市主要领导尝试继续给华润集团的主要领导打电话，希望扭转局面，但华润集团的领导已不再回应。

从机械力学角度讲，力的指向，是由不同方向的受力综合推动的，它往什么方向发展，往往取决于综合力量在框架中的运行轨迹。

差不多前后，作为对金融改革颇有关注的人士，时任重庆市市长黄奇帆也很关注万科事件的发展。在应邀做经济形势报告时，他对万科股权之争发表了自己的看法。

黄奇帆认为万科股权之争“并不复杂”，他从保险公司是否具备成为法人股东的角度，探讨了险资运用途径的问题。

中国保监会也十分关注这些问题，他们甚至像深交所给万科事件相关各方发函询问一样，也对宝能集团的保险资金使用情况进行了摸底。

但直到黄奇帆发表看法前，姚振华的宝能集团，在保险资金的运用方面，并未与对应时段内保监会监管框架内的法律法规冲突。但这并不代表没有新的情况，而这些新情况，执行中的法律法规不一定有相应的条款可以规管，这对监管来说是新的课题。

黄奇帆还提到了资金使用的规范问题、信托计划的权责约定以及任何密谋的协议都要关注，如果是上市公司，要遵循上市公司的规则，反之亦然。

中国银监会、证监会、深圳证监局以及信托业监管机构对此也十分关注，即便宝能集团的资产管理计划、信托计划、金融工具等等被媒体披露后，相应的监管机构成立工作组调查后，在黄奇帆发表看法前，和中国保监会得出的结论大致相同。

黄奇帆建议从法律、公司法、市场规则角度出发，去解决问题。用他的话说，是“结合金融风险控制所谈，不是帮王石做参谋”。

黄奇帆发表看法大约一个月后，保监会发布了加强保险公司股权信息披露的新规。大约不到两个月后，保监会下发了紧急通知，要求寿险公司报送上半年万能险业务数据，摸底万能险。

这些是“宝万之争”在保险业带来的余波。

这样的余波也震到了银监会。

从 7 月起，银监会在银行业开展理财、票据等业务的大规模监管检查。“史上最严”银行理财意见稿也在差不多前后下发。

这些余波侧面印证了人们对于“宝万之争”的关注，从来没有一个事件，撩动着如此多监管机构的神经，这也说明了万科这家公司的影响力。

万科的举足轻重其实早在 20 年前已崭露头角，并延续至今。

1997 年，王石代表万科向时任国务院总理朱镕基汇报工作，并被朱镕基总理聘为房地产顾问。几年前，在拜会中共中央政治局常委、全国政协主席、时任上海市委书记俞正声时，王石还向他提出了用工厂化方式为上海建保障房的想法。

可是，中国有句古话，“三十年河东，三十年河西”，用以描述个人际遇与时代变迁，30 年后可能完全不同。

眼下的市场环境已然发生变化。

市场经济的发展与推进，市场参与主体的身份日益重要，他们的权责，也越来越受到法律法规与运行制度的确立与规管，在规则的平等性与普适性方面，同样适用于万科。即便是各方给予了足够的关注，也需要尊重规则与商业契约。

中国经济对全球经济的影响力，已让全球的目光聚焦中国，他们的眼睛见证着中国对于市场经济规则的践行。

这是姚振华紧紧抓住的一点：商业规则。

引入深圳地铁的方案当然遭到了姚振华的反对。

在2016年6月17日引入深圳地铁董事会前夕，宝能集团的姚振华没有接受万科项目团队代表王石与万科管理层提出的建议，即引进深圳地铁后，姚振华仍是大股东。

“不行。”姚振华听到这个消息后不加思索地回绝了。

拒绝这点的原因，是以土地换股权的方式对现有股东不利，将摊薄他们现有的权益。

假如万科每年的盈利要分红，持股越多的股东，分红相应就越多。

无论华润集团，还是姚振华，对此都心知肚明。这也证明万科的确是一家优秀的公司，过去它的实力与表现证明了这一点，也因此才如此“招蜂引蝶”：深闺中有好姑娘。

而这点，正是深圳地铁同意与万科重组的重要因素。

2016年9月8日城市轨道交通投融资机制创新研讨会上，时任深圳地铁集团董事长林茂德的一番话也表达了这一层意思。

他说，大家都知道我们正在参与一个上市公司的事，但不能多说，很多人问我为什么要参与，原因在于我跟它对赌。

市场分析认为林茂德口中的对赌，正是基于万科经营业绩的分红。

“我们持你20多亿股值后，必须保持（每一股）分一块钱给我，每年分20亿元，现金流很好。（这家公司）它20多年增长100多倍，未来10年增长1倍，深圳地铁就赚500亿元，增长2倍就赚1000亿元，贷款就有还款来源了。”

林茂德的这番公开言论，揭开了万科与深圳地铁合作的起因。不过，作为上市公司，如果万科与深圳地铁签署了这样的合作方案，那么将涉嫌披露违规。

这让深交所备感压力。

9月10日，深交所向万科下发了问询函，要求万科披露对赌安排的具体内容。

王石与万科管理层在这一言论面前陷入了深深的被动，并将一家上市公司管理层的诚信度置于烈火上炙烤。

两天后，万科在对深交所的回函中表示，不存在对赌安排或意向。

这种充满挑衅的口吻，让深圳地铁与王石和万科管理层的合作关系显得根基不牢——深圳地铁也是为了利益。这与华润集团、姚振华并无二致，熙熙攘攘，皆为利来；熙熙攘攘，皆为利往。

这也难怪，从引入深圳地铁的董事会召开，至林茂德发表的那一篇言论，已经过去了两个多月，这本身就说明了问题。

通常情况下，重组第一次董事会的决议，与第二次董事会决议的间隔时间为 60 天。

也就是说，按照正常流程来看，8 月 17 日之前，第二次董事会应该召开并形成决议。然而，由于几方的利益冲突难以协调，第二次董事会并未如期举行。

这对于深圳地铁来说，也是一件十分尴尬的事情：它成为“宝万之争”中打酱油的那一位，而事实上它又是深圳市国资委旗下举足轻重的公司，这与它的市场定位显得不符，甚至有点滑稽。

问题在于，王石与万科管理层为什么不召开第二次董事会？

这么做意义不大——除了让华润集团再投一次反对票。

更何况，关于黑石集团大中华区主席张利平那一回避票的合规性，该如何定论，还存在争议。华润集团若是提起诉讼，对这个结果的认定，将是漫漫长路。

即使王石与万科管理层强行推动第二次董事会决议的形成，股东大会就一定能过吗？没有十足的把握就去推动股东大会的召开，王石与万科管理层无疑会把自己推向更无法控制的险境，而那时，则是终极对决。

虽然深圳地铁是白衣骑士，并骑着骏马来到万科，可它们无法跨越彼此的心门与道路上的艰难险阻。

英雄活在一个不再需要英雄的年代里，对别人是尴尬，对自己是悲哀。

万科的合伙人计划

“今天股市又大跌了，我们公司刚刚宣布要以100亿元回购股份。”在万科工作的一位朋友对张悠（化名）说。

当时，张悠和她的朋友刚从万科云城米酷看完房出来，在一家餐馆一起吃饭。与张悠一起去看这个楼盘的还有两位男士，其中一个要买下几套云城米酷的房子给他的员工做宿舍，还有一个要买云城米酷里配套的商业办公室。

这位准备买几套房做员工做宿舍的老板，在2015年那波牛市里做过场外配资的资金提供方。

那是2015年7月的一天。

没人知道，这个回购决定，对于万科股权之争的未来走向，居然有如此重大的影响。

此时，姚振华正在大规模从二级市场买入万科的股份。

股市一片哀鸿，超千只股票为了逃避恐慌性抛售而停牌，但万科还有稳稳地停在涨停板位置上的时候。

如果把对决开始的时间从此时算起，王石会不会感到一些遗憾。

半年后，截至2016年1月4日，万科仅从市场回购了1.6亿元的万科股份。这不得不让人唏嘘感叹，让人想起王石的那句“宿命说”。

万科的股票回购计划没有任何障碍，获得了董事会的通过，计划回购价格为13.2元至13.7元之间，回购比例超过6.6%，以万科自有资金回购。

万科却没有执行回购计划！

以万科重组前停牌的价格24.43元算，差不多是回购价格的两倍，而这个回购价格的成本，低于姚振华从二级市场抢筹的成本价（算上融资等费用）。

2015年12月25日，张悠到万科云城米酷预签购房合同。

几天前，万科A停牌，展开重组事宜，王石发表了著名的不欢迎姚振华与宝能集团的内部讲话。

停牌前，张悠卖掉了1000多股万科A股份，凑齐了购房款首付。

2016 年 3 月初，张悠驱车前往万科云城米酷拿购房合同。半个月后，万科管理层召集万科董事讨论引进深圳地铁事宜。

如果万科执行了回购计划，还会有“宝万之争”吗？还需要引进深圳地铁吗？当时王石在哪里呢？万科总裁郁亮在哪里呢？他们在想什么呢？

宝能的姚振华通过金融工具，实现了对一家优秀公司的股权投资；一家优秀的房地产公司，把它的钱用于发展公司与买地，提升竞争力。

这是姚振华与王石的不同，也是宝能集团与万科的不同。

这点会不会是郁亮与姚振华的不同呢？

他们谁有错吗？

在商业运营面前他们都没有违背之处，如果王石与万科了解万科的短板是股权分散的问题，那么他们为什么不致力于解决这个问题，而把希望寄托在“弱肉强食”商业世界中的大股东呢？

万科的管理层也在致力于解决控制权的问题，比如，他们在内部推动合伙人计划已经好几年。

一位在万科工作的人士透露，年终的奖金，会有部分以万科 A 股份的形式发放，这是万科合伙人计划的一个体现。

大约在“宝万之争”愈发白热化时，宝能对于万科的合伙人计划已了然于胸。

2016 年 9 月 23 日，万科举行了公司周年庆活动，万科总裁郁亮穿着黑色 T 恤亮相，这件 T 恤上印着几个显眼的字：“那年，我在。”

郁亮在活动上说，万科未来要坚持“万亿大万科”的发展规划，这是始于 2014 年开始制订的万科第四个十年发展规划；万科未来还要坚持合伙人机制不变。

他甚至用基本法则来形容万科合伙人机制的重要性。

“合伙人机制是未来构建万亿大万科这个大生态平台中的基本法则，我们将根据合伙人的规则共创、共担和共享。”郁亮说。

2014 年 5 月 28 日，依据万科合伙人计划成立的盈安财务顾问企业（有限合伙）公司，已从二级市场买入万科股票，这批股票的购买价格在 8. 3 元至 9. 36 元不等。

第一批1320名万科合伙人的奖金成为盈安资金来源，盈安还引入了一些融资杠杆。这意味着，如果万科股价下跌，合伙人计划可能出现亏损。

公开信息显示，位于上海万科中心进门的墙上，一度写着这样一段话："我们要掌握自己的命运；我们要形成背靠背的信任；我们要做大我们的事业；我们来分享我们的成就。"

万科管理层在当时是否想到市场上会出现姚振华或者李振华、张振华以及各种振华？

2014年4月23日，傅育宁从招商局集团董事长调任华润集团担任董事长，原董事长宋林免职。

那时，王石在美国与欧洲游学。

那一年，万科正在举行30周年庆。

差不多前后，万科宣布推出合伙人机制。

时机十分地巧合。

半年后，万科在莫干山举办了一个长三角媒体分享会。

郁亮在那个分享会上用"不成功便成仁"来描述万科对于推行合伙人计划的决心。

"我们冒了很大风险买股票，不行怎么办？那就看哪座山高，跳下去。"郁亮带着郁氏幽默口吻说："我们搏的是万科未来的成长，所以我们不会去安排后路，也没有防范风险的计划，我们就是想让投资者更放心，我们把员工、股东以及投资人的利益捆绑在一起。"

万科合伙人计划的1.0版本由高管、中层及骨干构成。郁亮的计划是，随着这一机制的发展，普通员工、合作方、总包单位以及社会公众都可以加入合伙人范围。除了买股票，合伙人还可以对万科的项目实行跟投。规划中，普通投资者也可以跟投万科项目，不设门槛，并为这个目标定的计划是两年时间，如果算一算，这个时间正是2016年。

2016年8月22日，万科董秘朱旭中期业绩发布会上提到："合伙人持股计划，通过资产管理方式，累计持有4.49%的股份，从首次增持后，从未减持。"

一位在万科工作的人士跟投了万科的项目，第一批跟投的回报已经到手。

他第一次跟投的项目是位于万科中部城市的一个项目，当时报名参与跟投的人很多，但不是每个人都可以获得这个机会。一份跟投是多少钱，也是有额度限定的，跟投项目的机会十分抢手，通过一个运转机制，他被通知获得了跟投的机会。

直到2016年年中，他第一次跟投的回报已经到手，这笔回报，是银行同期活期存款利率的几十倍。

他的同事还和朋友们借钱参与项目的跟投。

“公司的股权之争，闹哄哄的，借了钱跟投的同事提心吊胆，睡不着觉。”他说。他还报名过其他项目的跟投，但没有获得入选。

万科推出合伙人计划时，引起了市场的关注，人们想知道这个合伙人计划解决什么，解决了什么问题，万科为什么要这么做，这么做的法律依据是否充分。

按照郁亮的说法，这样做是将员工、管理层利益与公司利益捆绑。

在2016年6月27日的股东大会上，万科副总裁谭华杰是这样解释合伙人计划的。他说，事业合伙人计划是公司奖金的奖励对象，自愿使用自己尚未分配的奖金，从市场中购买股票，这是一个集体行为。

“它没有分成每个人有多少份额，只是说大家都把我们所有人在这的全部收益委托给第三方，从市场上去购买万科的股票，它的来源是我们的经济利润奖金。这是公司的团队成员使用自己尚未领取的奖金，从市场上购买公司股票、稳定公司股价、提振投资者信心，与股东共担股价下跌风险的一个行为。”谭华杰说。

不过，万科的人士没有透露他的奖金是直接被转入合伙人计划购买股票，还是他可以选择，他的说法是：“公司的奖金，变成奖励公司相应的股票。”从这个角度讲，是否与“自愿”二字相符，则不得而知。

谭华杰说万科的合伙人计划，是大家自愿去额外承担的义务。他透露说，在经济利润奖金中也有董事长王石的份额。

万科的合伙人计划，是在2014年3月28日万科第十七届董事会第一次会议获得通过的。当时的计划，是将每年计提的经济利润封闭运行3年，3年后可以支取。

到了2014年4月，也就是傅育宁调任华润集团董事长前后，万科召开了事业合伙人的创始人大会，参与合伙人计划的万科员工，签署了一份《授权委托与承诺书》。这意味着他们同意把集体奖金账户中的权益，委托给盈安合伙进行投资管理。

随即，盈安合伙计划开始从二级市场购买万科股票。不过，鲜有人或媒体获知，合伙人计划是如何进行收益分配的，即便有媒体询问，得到谭华杰的回复也不外乎合伙人计划是集团财产问题，不干涉公司经营管理。这让万科合伙人机制的运作显得扑朔迷离。

在2014年年报中，万科是这样描述合伙人机制的：在公司任职的全部8名董事、监事、高级管理人员在内的1320位员工自愿成为公司首批事业合伙人。事业合伙人签署《授权委托与承诺书》，将其在公司经济利润奖金集体奖金账户中的全部权益，委托给深圳盈安财务顾问企业（有限合伙）公司的普通合伙人进行投资管理，包括引入融资杠杆进行投资。

同时承诺在集体奖金所担负的返还公司或有义务解除前，该部分集体奖金及衍生财产统一封闭管理，不兑付到具体个人。

到2015年1月27日，盈安合伙人持有万科A总计4.48%的股份。第二批事业合伙人持股计划是从2015年1月开始的。

至于跟投机制，则是从2014年4月1日后开始的，即所有新增项目，除旧改及部分特殊项目外，原则上要求项目所在一线公司管理层和该项目管理人员必须跟随公司一起投资，除公司董事、监事、高级管理人员以外的其他员工可自愿参与跟投。

在2014年这一年，万科开放跟投项目47个，申请跟投9089人次。

需要多一些注意的是，合伙人让管理层和员工的利益与万科的经营更好地捆绑，但在推行合伙人计划的2014年，万科还发生了一些时间上看起来有些巧合的事情，比如，万科董秘、执行副总裁，也是董事的肖莉的离任。

2014年11月11日，加入万科20年的肖莉发表了一封《告别万科——我生命中最美好的那些时光》后，离开万科。一个背景是，她在加入万科后，经历了“君万之争”。

肖莉的离任有更多的指向意义。王石曾经把郁亮、丁福源、张纪文、刘爱明以及肖莉等 11 人称为万科的“梦幻组合”，而到肖莉离任时，这个梦幻组合还余下三分之一在万科任职，这多少让人唏嘘感慨，甚至有分析认为，王石的旧部正在离场，尽管郁亮也是王石的旧部。

差不多一年后的 2015 年 4 月 15 日，万科发布了《万科集团内部创业管理办法》。

这个举措，被市场称为万科合伙人计划的 2.0 版本。这个管理办法，把万科产业链的上下游各方，比如资金提供者、土地合作方、工程总包商以及设计、营销，包括离职员工等，都试图变成合伙人。

不过，万科管理层的此举，看起来与阻击“门口的野蛮人”的预期相关。

未经证实的消息称，2014 年度春季座谈会上，万科管理层向大家推荐《门口的野蛮人》这本书，认为万科可能被“野蛮人”收购和瓜分。他们提出的解决办法，是用事业合伙人的制度掌握自己的命运，掌握公司的命运。

一个疑问是，为什么是 2014 年，而不是 2011 年、2012 年，或者 2013 年，而正是华润集团管理层更迭的那一年？也许只是巧合，就像肖莉与一些高管离开一样巧合？

从商业与资本市场角度来看，就像万科合伙人计划一样，他们把高管与员工的利益，同万科的经营捆绑，看好的是万科接下来的发展，并在股价低时出手买入。这样诱人的肥肉，难道会没有闻着腥味的狼吗？

这不禁让人想起万科事业合伙人大会执行委员会，在 2016 年 6 月 27 日写给合伙人的一封信——《致万科合伙人的一封信：同心者同路》。

信中提到这样一段话：“就在此刻，资本市场风云变幻，公司第一大股东已经悄然变更，股权问题成为各方关注的焦点。近日，钜盛华及前海人寿要求召开临时股东大会并罢免全体董事和股东代表监事。今天，公司根据规则公告了这一要求。无论全体合伙人的感受如何，都必须勇敢面对。”

第五章　既生瑜，何生亮？宝能是谁，万科是谁？

姚振华比较淡定。

尽管不少人认为他购买的万科A从“气死”（2016年7月4日）那天已连续下跌，随时面临爆仓的危险——仅仅3天，万科A的市值跌去超过600亿元，其中超过20%是姚振华损失的。

大家担心姚振华筹不到因股价下跌而需要向金融机构补交的保证金。

这给姚振华的宝能带来的衍生好处是：人们认为宝能在降价甩房，以收回资金。宝能地产在合肥的一个项目，开盘几小时卖了10亿元，楼盘现场交款的POS机一度被刷坏。

市场上到处是姚振华缺钱的消息。

7月8日，宝能子公司深业物流，在上交所发行的一笔私募债被临时取消。

这是一笔总额50亿元的私募债，分两期发行，第一期约为24亿元，两个星期前已经发行；第二期则是这次被取消的，涉及金额约为26亿元。募资用途，是偿还银行贷款以及补充流动资金。

在更前的两个月，宝能发行一笔15亿元和30亿元的私募与公募债券也被终止发行。尽管这两笔债券，宝能子公司钜盛华在前一年底已经申报，也就是宝能在把自己从二级市场买成万科第一大股东前后。

2016年6月，钜盛华还向深交所申报过两笔私募债的发行，一笔150亿元，一笔50亿元。深交所虽然已经受理，但能否顺利发行还不得而知。

这些都在指向一个问题：宝能缺钱，很缺钱，特别缺钱。缺钱意味着姚振华没有足够的资金，用于补交因股价下跌而需补足的保证金。

不过，接近宝能的人则说：“宝能有钱。姚振华不担心钱。”

这是姚振华，成为万科大股东的宝能集团的老板。

“跟着姚老板炒股赚钱，感谢姚老板。”一位在北京做 VC 公司的老板说。

他太太投入了 400 万元买入万科 A，即使 7 月 4 日开盘两个跌停板后，他们还是获得了超过 15% 的盈利。

姚振华居然花了几百亿元买万科 A 股份，还是从二级市场买入的，还动用了金融工具，还买了不止万科 A 一只股票，他疯了吗?

这场景有点熟悉：美国大片《大空头》里那个男主角，在美国楼市火爆无比时，他居然去做空美国楼市，还与投行对赌做空。

这让做房地产生意的万科以及管理这门生意的王石完全无法想象!

他们怎么也没想到，万科手里的百亿元现金，已经被悄然盯上，成了资本方的“特洛伊木马”，出手最快的居然是听都没怎么听过名字的姚振华，这实在太不可思议了。

不要小瞧金融工具的力量。

被“玩坏了”的万科与王石是谁?

2016 年的房地产市场注定是不平静的。

这年 9 月，一位中年妇女被担架抬着，到上海的房地产中介门店签订购房合同；年岁不分大小的夫妻，争相到民政局离婚，他们只为了多买套房，于是，感情不好还不敢离婚的荒唐段子横空出世。

房地产商从这年初开始已经疯狂地清过一段时间的库存，原因在于中国经济的发展处于艰难而复杂的局面，疯狂市场的疯狂举动，触动着各方神经。资金的水龙头被轻轻地拧紧了，可是这种冲动在年底快到来时再次被激起，当然，握住水龙头的手，再次被向右旋转了一下。

在“金九银十”这个房地产市场旺季，中国房地产市场上出现了惊人一幕——限购：广州限购、深圳限购、成都限购、南京限购……

9 月 30 日开始，短短几天，北京、天津、苏州、成都、郑州、无锡、济南、合肥、武汉、广州、深圳等 16 个被住建部点名的城市先后发布楼市调控新政，重启限购限贷。

这让人想起2008年那一波全球金融危机后，疯涨的房价带给人们的不安，而更不安的是，万科董事长王石发表的“拐点论”。

王石关于房价已经出现停止上涨拐点的言论，让中国大城市的房地产市场整整衰了一年。

这就是王石，作为中国最负盛名与最具影响力的房地产公司董事长，他的一言一行都具有更多的解读可能性，一百个人眼中有一百个哈姆雷特。

1988年，创立深圳现代企业的王石，在经历了倒玉米、倒电器的蛮荒生长年代后，决定对他创建的这家公司进行股份制改革。

第一个问题是，这个叫“深圳现代企业”的公司，韩国也有一个，公司需要更名。

毕业于深圳大学英文专业的潘毅勇想到了万科这个名字——深圳现代企业有限公司的缩写是“MEC”，受“Marlboro”的中文翻译为“万宝路”影响，潘毅勇想到了万科。仔细看看，“MEC”与苹果公司的笔记本电脑“Mac”仅一个字母之差。

万科这家公司就这样诞生了，它是深圳首批进行股份制改革的公司之一。

1988年11月21日，深圳市政府批准当时申报名为“深圳现代企业有限公司”的公司进行股份制改造，央行深圳分行批准了后来更名为“万科”的这家公司的股票发行。

需要提一句的是，“君万之争”时，另一主角张国庆此时正在央行深圳分行工作。

王石在书中透露股票发行的方案，是深圳现代企业以净资产入股，国家占60%的股份，职工占40%，其中原上级主管公司深圳特发集团持万科30%的股份。

从这时开始，万科有了自己的第一个大股东——深圳特发集团。

万科的股票于当年的12月28日公开发行，由于是最早进行股票发行的公司之一，因此在股票推销时，必然遭遇这样的新问题：没人愿意为新事物买单。

一位早年间万科A发行时买过少量股份的前媒体人，回忆他购买的原因是响应深圳市政府的号召，后来，他一不小心成了深圳新富起来的人群。

推销万科股票时，王石亲自上阵。

向机构推销时，他拿着一根教杆，宣讲什么是股份制——尽管他也是头一回参与，但干劲十足。

在深圳的机构与有分支的机构，都成了招股推广团队的目标对象。

首先是当地的银行，比如中国农业银行、中国建设银行等。接着是国有企业，比如免税公司、物资总公司、建设总公司等等，就差没有到海上渔船向渔民兜售了。

在万科推销股票的过程中，这家公司遇到了一个在现今已相当有名、当时还默默无闻的企业家的支持，这个人就是华为 CEO 任正非。

在向华为推销万科股份时，招股推广团队受到了热情接待。

任正非详细地询问了股份制的内容，一出手就认购了 20 万股万科股份。这充分说明了任正非的眼光，即便当时华为还是一家名不见经传的公司，还是一家正处于创业阶段的公司。

一位对任正非比较熟悉的人提及，任正非早年也想过把华为推向资本市场，但他和了解资本市场的律师等团队研究过好几轮后，发现了一个令他感到无法克服的问题：内地与香港资本市场都是同股同权，这可能让华为失去控制权，这也是王石和万科管理层如今面对的局面。这一说法无从证实。

接待万科的招股团队时，任正非还请他们吃了一顿丰盛的烤乳鸽。

这个待遇与其他招股团队接受到的待遇完全不可同日而语。

时任深圳市委书记为了表达对股份制改革的支持，号召市委机关大院的干部认购。

招股小团队足迹遍布菜市场、个体工商协会。

在当时，中国市场有一个著名的群体：个体户。一位个体户直奔主题地问：你就开个数，摊派多少？

在菜市场推销时，买菜的老人家，也曾凑上几百块钱买一些。

一个插曲是，万科进行股份制改革时，在 4100 万股股份中，职工股有 500 万股，而其中 50 万股股份，可以分配到个人名下。

简单算来，50 万股股份相当于万科股改时全部股份的 1.2%。

这些股份王石没有分配一些到自己名下。

他后来回忆当时放弃个人股份的原因是，如果名利之间，只能有一个选择，他宁愿选择创下一番事业。

作为早年间当过兵的军人，王石不太想被贴上“暴发富”的标签，加上财富的突然降临，对人性是一种巨大考验，他不认为自己能更好地掌管财富。

王石的太太兼王宁的千金，对于王石的做法十分赞成。当时，她的小小梦想只是未来能住上别墅。

当田朴珺与王石在一起时，如果田朴珺的梦想也只是这么大，那么王石已经能轻而易举帮她实现这个梦想了，毕竟游学美欧期间，王石几年间从万科拿到的薪酬就有几千万元。

这是20世纪80年代末的深圳。

万科的前身是深圳现代企业有限公司。在此之前，这家公司属于深圳特发集团的科教仪器中心。而在更早前，它的创办者之一王石，身份是广东省外经委派出人员，挂靠在深圳特发集团。

1983年，32岁的王石搭乘火车由广州来到深圳，当过兵，做过工人，在政府机关工作过以后，他开始了“深漂”。

王石到深圳的第一站，是深圳特发集团。

在20世纪80年代，这是一家非常有影响力的公司，它的影响力并不亚于今天的万科。

王石揣着广东省外经委的介绍信，找到了深圳特发集团的负责人孙凯峰。与他在同一天报到的，还有“君万之争”中，给过王石帮助与支持的张西甫。

王石与张西甫都被分配到深圳特发集团的贸易一科，张西甫从钢石基建开始做业务，而王石则开始联系做玉米贸易的生意。

到深圳工作后，王石经常往返于深圳与广州，看望岳父。

王石的岳父是王宁。据媒体报道，2013年8月26日，王宁去世，王石参加了追悼会，并在家属队伍中，以女婿的身份送了花圈，挽带上写着“亲爱的爸爸，您永远活在我们心中”。

王宁曾任广东省副省长、广东省委书记、广东省政法委主任。

股份制改造后，万科还经营了多项业务，比如，与香港仁达公司合资，合办了深圳彩视电分有限公司。随后，万科还经营过首饰公司、来料加工厂，直到1988年，万科才第一次介入房地产业务。

初入这个行当时，加入万科的团队几乎是门外汉——10多人的初创团队，没有一个从事过房地产开发，甚至建筑工程都没有从事过，开发资金都是初创团队人员从朋友处找来周转的。

万科就这么生猛地闯入了房地产业务，一扎进去就是30年，直到今天。

股改后第二年，王石因为一场政治风波曾短暂离开过万科，而当时10多人的初创团队中的两名重要人员，也相继离开万科，其中一位就是找朋友周转万科开发资金的那位。

时光轮转到1993年，万科决定发行B股，以筹集更多资金，加快公司的拓展与扩张。

一位名叫宁志翔的年轻人出现在了王石面前，并赢得了他的信任与好感。宁志翔代表渣打集团负责万科B股招股书的编写。

此时，正在央行深圳支行的张国庆离任，组建了君安证券，介入万科B股的发行。

由于发行市场的低迷，股票销售不好，君安承销的万科股票砸到了手里，成为万科的大股东之一。

1993年5月，万科B股开盘后跌破发行价，发行时筹资额超亿元的承销商君安证券承受了巨大压力，一方面是股价下跌的压力，另一方面是筹资需要偿还的利息。

“说好的回购，王石并没有履行承诺。”一位接近张国庆的人如此透露。不过，没有任何证据表明上述说法属实。

王石在他的书中是这样提到的，当时时任君安证券总经理的张国庆，曾想让君安证券向万科贷款，以解决砸在君安证券手中的万科股份的资金压力，不过，王石没有同意，原因是“违规”以及“违背B股发行的初衷”。

不到一年后，万科公司爆发了震惊资本市场的“君万之争”，结局是君安证券总经理张国庆输了这场纷争。

据接近张国庆的人士透露，如今，当事人过着相对安宁的日子，显得十分淡然。

股份制改造、发行B股，给万科带来了扩张的资金储备，这直接推动了万科的第一轮扩张。从1988开始，直到1993年，5年间，这家公司基本处于多元化与跨地域经营的发展阶段。

1992年，房地产业被定位为第三产业的重要组成部分，迎来了新的发展契机，万科也是从此时开始走出深圳的。

此后，万科开始把多元化的发展战略进行收缩，回归到房地产、连锁商业以及影视文化方向，直到2001年出售万佳，万科把发展的重心集中到房地产业务。

这时，万科开始经历高层的动荡。

同一年，姚牧民辞任万科总经理，直到姚振华开始惦记万科的2015年，10多位“总”级别的高管相继离开万科，即使王石非常欣赏的董秘肖莉，也在2014年离任，这在当时被市场解读为，万科正在去“王石化”，郁亮时代到来。

这与王石早年间推行的“海盗行动”相去甚远。

在王石的《大道当然：我与万科（2000～2013）》书中提到，2000年，时任万科人力资源总监的解冻，策划了被称为“海盗行动”的挖人计划。当时，中海深圳、中海香港等陆陆续续有几十位项目经理、成本经理、工程师以及一线公司副总经理级别的管理层加入万科，其中包括中海深圳公司总经理刘爱明，即使在当年，万科已经对他开出了200万元的年薪，还配备住宅与专车。

不知道当时郁亮的心情是怎样的，不过一年后，郁亮接任姚牧民，成为王石后万科的第三位总经理，也许说明了一切。

这不禁让人联想到《花旗帝国》这本金融巨著中提到的吉米·戴蒙，与时任花旗集团掌门人的桑迪·韦尔之间的故事。

桑迪有意让他的女儿在花旗集团中担任要职，但吉米·戴蒙认为她不合适，也并不妥，便坚决反对。后来，桑迪的女儿离开了他父亲的公司，吉米·戴蒙与桑迪之间也便产生了嫌隙，这也成为吉米·戴蒙随后被桑迪驱逐离开花旗集团的重要诱因——他本是桑迪职位继任者的最佳人选以及最有竞争者。

离开桑迪后，吉米·戴蒙成为享誉全球的摩根大通Chase的董事长与CEO双料高管，是全球最负盛名的金融集团最有权力的掌门人。

姚牧民离开的原因不得而知。

这与王石后来主政的“007 行动”也相去甚远。“007 行动”，是万科2007 年底推行的网罗国际化人才的代码。

在“007 行动”中，麦肯锡送培美国的孙嘉，在此次行动中也加入万科，陆续任职万科战投部、西安万科负责人，并于 2012 年调任上海万科总经理。

另一个在万科近几年发展中具有举足轻重意义的高管毛大庆，也是在这次行动中加入万科的。

为了表达邀请毛大庆加盟的诚意，王石甚至给毛大庆前东家凯德置地董事长写信，他在信中毫不掩饰对毛大庆的喜爱之情，并对他承诺，如果凯德以后需要毛大庆，万科绝不拦着。

2015 年初，担任万科集团执行副总裁、北京公司总经理的毛大庆离职，这被外界视为王石最中意的又一高管离任。

这并没有告一段落。

一直顺风顺水的万科这座大厦，在 2016 年，因“宝万之争”开始晃动，伴随而至的，是高层史无前例的动荡。

6 月，万科原高级副总裁、首席人力资源官陈玮离职。

在此前后，一些职位较高的万科老员工和管理层，陆续以不同名义离开万科，虽然他们的名字还在万科的名册上，但实际上已经离开，有的处于半退休状态，而有的则从核心业务撤离。

陈玮本人亦如此。

直到离职，人们才知道他的变动，而事实上，在此之前，他要离开万科的消息已经传开，人也处于非全心在万科的工作状态。一些正在离开或者准备离开万科的人，与陈玮的情况有些相似。

一些员工对未来感到担忧。

一位在万科工作的员工谈起此事，表情显得很无奈。在房地产公司中，万科的待遇与福利都更好，他没有换工作的打算，但也觉得由于公司处于舆论的旋涡中，而让他觉得自己也处于这种旋涡的中心，心生不安，惶惶不可终日。

万科员工上一次有这种感受是 2008 年地震时，王石的一系列言论掀起的

“捐款门事件”。

震惊全球的四川汶川 8.1 级大地震后第三天，万科宣布捐款 200 万元。一些网友对一家市值以千亿元计的公司，在如此大灾难面前表现出来的“小气”表示质疑。

王石实名对此进行了回复——他并没有注意到，这是一次史上最重大、损失可能也最严重的大地震之一，生命正在消散，悲痛正在弥漫，家庭正在破碎，村镇正在消失。

“200 万元是个适当的数额……企业的捐赠应该可持续，而不成为负担……万科在内部号召进行慈善募捐活动中，有提示，每次募捐，普通员工的捐款以 10 元为限……”

王石的话激起了剧烈的反弹。

他成了舆论的核心，网友认为他是十恶不赦的吝啬小人，谩骂与讨伐一波一波地砸向了万科。去车管所给新车上牌，工作人员一听是万科的，都不忘加上一句：万科的？明天再来！

万科甚至不得不退出了新浪为地震推出的绿丝带行动。

再好的公关技巧，也无法平息一家公司捐款言论中透露出的对生命的漠视，无论这种言论是多么理性。

万科决定追加 1 亿元捐款。

这个举动需要股东大会的通过。

这是一个让人沉闷至极的股东大会，一些万科的女同事哭了起来。

一些万科的员工承受了他们本不该承受的压力：他们的朋友、同学质问他们，在万科这样的公司上班，不觉得可耻吗？

不过，这位万科员工抱持的最坏打算，是走一步看一步，如果能做下去就继续做，实在做不下去了，再考虑换工作。

一些准备跳槽到万科的员工，也开始犹豫要不要到万科工作。去一家管理动荡的公司工作，除了工作上面临挑战，还将在士气与人心等方方面面面临挑战。

这也是万科深圳总部一些员工的心态：他们不知道，接下来的万科，是以王石、郁亮为代表的管理层执掌，还是有新的股东整合万科这家公司。

不同公司有不同的性质、管理方式、公司文化。接管者是央企华润集团，与万科当前相对独立自主的决策机制不同。如果是宝能，则可能烙上姚振华风格的民营企业文化。当然，也可能还像现在，什么都没有变。

还有一些员工担心，他们跟投的资金是否安全，一位万科中层因为跟投赚了不少钱，而他又将更多的钱投入了跟投中，其中一些是向亲戚朋友借的，也有一些是亲戚朋友以他的名义参与跟投的。

2016 年 6 月 30 日，万科的员工前往深圳市政府请愿，他们以保卫万科职工的名义递交请愿书。这一做法，像极了计划经济时代让政府为民申冤的路子，相较于万科这家市场化的上市公司文化，格格不入，与它的品牌形象更不相符。

万科对这一举动的态度相当暧昧。

在一条流传出来的短信中，万科的管理层提到："该活动属于员工自发行为，请告知部门小伙伴，在不影响工作与生产的前提下，可自行选择前往。项目部同事须保证生产，勿擅自离开岗位，如需请假，务必请示相关领导。"

万科对此进行了辟谣。他们声明在第一时间已将员工劝回。

这则请愿书，透露出浓浓的国企氛围。

请愿书中提到："到政府请愿，实在是忍无可忍，不想在资本大鳄的血盆大口下坐以待毙！万科正面临成立 32 年来的最大危机！万科所有职工正面临职业生涯的最大危机！……资本玩家疯狂买股，原第一大股东睁一只眼闭一只眼，现在两家竟然要合谋罢免全体董事监，彻底搞垮万科的体系和文化，覆巢之下安有完卵！世界上有多少见不得光的事，以'规则'之名行之！我们要问：公司经营向好，宝能和华润为何要狼狈为奸，无缘无故罢免监事会，全面否定万科，否定全体万科人的工作，把万科推向深渊？"

这是一家优秀的中国房地产公司面临的荒唐而又可以理解的局面。

至于王石，也许最感慨的莫过于，在万科上市时，在过去的 30 多年里，未曾解决好一家上市公司的大股东问题：是管理层的万科，还是大股东的万科，还是两者兼而有之。

可是，为什么会有姚振华和他的宝能集团出现，来打破这种维持了几十年的平衡？

潮汕人姚振华和他的宝能蓄谋已久，来了！

2016 年下半年，中国南方的台风一次比一次来得猛烈。10 月 20 日下午，广东省政府发布了预警：台风“海马”将给广州、深圳在内的广东地区，带来 7—9 级大风，有暴雨和大暴雨。

当天下午，平安银行正在经历狂风骤雨。

时任行长邵平向全体员工发了一封公开信，告知他辞任行长的决定。在公开信中，邵平提到，历史总是充满巧合，四年前初到深圳，也是同样的季节。一如初秋已到，但热躁犹在。

四年前，中国平安收购深圳发展银行，中国平安旗下平安银行整合深圳发展银行后，更名平安银行，沿用了深圳发展银行的股份代码 000001。这个代码排在万科 000002 的前面，他们分别代表着深圳金融与地产发展历程的缩影。

这一年，中国第一家民营银行民生银行原副行长邵平，受中国平安董事长马明哲的邀请，空降平安银行，担任行长，并负责平安银行与深圳发展银行的整合与发展。

到任平安银行后不久，邵平在民生银行的旧部赵继臣、张金顺与孙先朗等也加入平安银行，担任高管，他们此前都在民生银行负责风险控制与后台工作。

到任后，任职平安银行行长助理、分管科技与人事的张金顺，经历了几级工作的跳动，先后历任平安银行总行副行长兼北京分行行长、平安信托董事长。

公开资料显示，2015 年 11 月，张金顺从平安信托离职，进行了一次“蹦极跳”，加入宝能集团，担任宝能金控总裁，他的新老板是姚振华。

谁也没预料到，张金顺跟着这个名不见经传的潮汕人姚振华，正在干一票大生意。

2015 年底万科停牌前，张金顺加盟宝能。

两军开战，粮草先行。

张金顺的角色，是为姚振华备好粮草——更多的钱。

加入宝能金控前，张金顺帮助姚振华打开了金融工具的通道，为他举世瞩目的股权收购准备好了充足的子弹：钱。

随后，张金顺从平安信托辞职，理由是身体原因。

用这个理由离开的，还有中国对外经济贸易信托有限公司总经理徐卫晖，他和张金顺一样，也加入了宝能集团，担任宝能金控的常务副总裁。

提起张金顺与徐卫晖，不得不提到他们的一个共同点，便是加盟宝能集团前，他们都在信托公司担任要职，一个是董事长，另一个是总经理。这就意味着，他们在所任职的公司里，都有绝对的话语权。

为什么他们在信托公司有绝对的话语权如此重要？

在中国，信托公司是一种奇怪的实体，他们吸收被称为“高净值客户”的有钱人的资金，然后再像资产管理公司一样，把钱给到那些能带来高收益的对手手里，收取可观的佣金。接下来，他们再把高收益回报给高净值客户，从中赚取一些收益，扮演着一个名符其实的资金通道的角色。

他们还不只这么玩。

他们还像银行一样，把吸收的资金“贷”给那些需要钱的人。

他们还像一个资产交易平台，把债务转让给资产管理公司。

他们还像一个“生产”钱的永动机，通过发行新的信托产品，来偿还旧的债务，实在不行，可以用新产品筹到的钱，解决那些悬而未决的资产纠纷问题。

尽管信托的职能在随后被极大限制，但还是催生了一个极其庞大的市场。

截至 2016 年第二季度末，60 多家信托公司管理的信托资产规模为 17. 29 万亿元，较 2015 年第二季度的 15. 87 万亿元，年度同比增长 8. 95%。

从信托资产投向来看，工商企业、金融机构、证券投资、基础产业和房地产，为它的依次排名座次。

也就是说，金融机构与证券投资，分列信托资金投向的第二、三名。

信托公司给姚振华的宝能金控，打开了一扇窗，尽管这是一段历时数月、充满风险与变数，而又可能收获巨大的旅程。

公开资料显示，徐卫晖是姚振华宝能金控的左膀右臂。徐卫晖早年间在中国化工进出口总公司财务部担任副总经理，此后历任中化国际总经理、中国集团战略规划部总经理兼投资发展部总经理，在被姚振华收入麾下的三年前，他被选任为中国外贸信托的总经理。

这是一个大胆运用金融工具的家伙。

在主政中国外贸信托总经理时，他把大量的资金投向了金融机构与证券市场。公开数据中，截至2015年末的数据显示，中国外贸信托超过70%的资金投向了上述两个市场。

令人印象深刻的，是这家公司与宝能集团蛛丝马迹的关联。

一篇未获证实的名为“姚振华背后的操盘手”的文章提到信达地产旗下有一个被称为宁波宝能信投资合伙企业的公司，向宝能集团旗下中林科技产业园的项目注资超过100亿元。

需要说明的是，一家名为江西赣粤高速的公司，是信达地产的第二大股东。而一只名为宝盈的基金，它旗下的两只产品，曾经是江西赣粤高速的前十大股东。然后，外贸信托是宝盈基金的大股东与发起人。

至此，外贸信托与宝能集团若有若无的关系被连接起来，虽然并没有直接证据表明它们存在着直接的资金往来关系，但亦留下了足够的想象空间。

当然，姚振华布下的金控大网显然不止这些，他手里攥着重要武器——保险公司，这个公司名叫“前海人寿”。

大约在姚振华通过宝能集团大规模从二级市场买入万科股票的2015年7月，一位叫刘宇峰的职业经理人，空降前海人寿，担任总经理。

刘宇峰在金融行业浸淫多年，人脉广泛，经验丰富。

从2005年开始，刘宇峰担任中国工商银行深圳分行授信审批部总经理。

授信审批部，是一个攥着贷款审批钥匙的部门。钥匙是否转动，决定着资金的大门会否被打开。

2012年，刘宇峰已经升任工商银行深圳分行副行长，兼任前海分行行长。

这个职位有多大的影响力，可以以现在招商银行行长田惠宇做一个对比。后者曾担任中国建设银行深圳分行的行长，而他现在主政中国最大的股份制商业银行招商银行。

可以追述的数据是，上述文章提及2012年至2014年间，工商银行向宝能控股发放了超过 18 亿元的贷款，而这个贷款额约占宝能控股的金融机构借贷额的 10%。

刘宇峰加盟前海人寿后，让这家在保险市场毫无声名的公司摇身一变，跻身寿险公司前列。

根据前海人寿披露的《偿付能力报告摘要》显示，这家公司 2016 年上半年的保费规模迅猛增长，较去年同期增长超过 78%。

根据中国保监会公布的 2015 年保险公司保费收入数据，前海人寿的规模保费在 75 家寿险公司中排名第 11 位，超过阳光人寿，仅次于太平洋人寿，离第一梯队的距离越来越近。

前海人寿规模保费的快速增长，很大原因在于它的银保渠道的拓展。中行、农行、工行、建行和邮政储蓄等合作渠道，已全部打开。这家公司还在深圳市范围内试点社区门店。

在中国，保险公司的发展面临一个十分尴尬的局面，它们的主营业务，即保险业务，通常并不是利润的主要来源。取而代之的，保费收入的投资收益，成为保险公司利润的重要组成部分，这也就意味着，当保费规模增长越快时，就越面临保费快速安全的再投资压力。

这也是前海人寿面临的问题——要把钱投出去，并能保证相对安全稳定的收益。前海人寿在资本市场的频频买入，正是为了缓解保费再投资的焦虑问题。

前海人寿开始疯狂地买买买。

据不完全统计，前海人寿持过股的公司有中炬高新、韶能股份、合肥百货、明生电力、南宁百货、南玻 A、华侨城 A 等，其中大部分股份通过二级市场买入。

这家公司的行为还像一家投资公司。

公开资料显示它联手两家名为达华智能和华闻传媒的上市公司，帮助一家名为优朋普乐的公司融资，前海人寿自身还对这家公司投资 2.5 亿元。

事实上，一个未经证实的传闻是，前海人寿有一个近百人的投资团队，他们负责对投资项目进行分析、调查、跟进以及投资策略的制定。

从数据上来看，前海人寿的业绩表现是不错的。

2015 年，保险业投资收益 5871 亿元，投资收益率为 7.91%。

前海人寿的数据是，2015 年投资收益 112.9 亿元，同比增加 168.2%，收益率 21.87%，投资收益率在寿险行业居首位，比第二位的交银康联（投资收益率 16.61%）高出约 5 个百分点。

当然，它最出名的投资，还是从二级市场对万科股票的买入，这看起来像是一个“成王败寇”的决定。无论如何，那个叫姚振华的潮汕人，一战成名。

一位同样在深圳从事金融行业的人告诉我，如果有钱，他也会这么做。他说，作为潮汕人，对此一点也不感到震惊。

在中国广东地区，潮汕人以会做生意而闻名。

这是一个独特存在的群体。

一个未经考证的数据提及，中国当前大约有几千万潮汕人，他们一部分生活在潮汕地区，一部分在海外，还有一部分在潮汕以外的地区，基本平均分配在这三个地区。

当然，大家耳熟能详的潮汕人，是海外华人首富李嘉诚。

事实上，在全球这样的潮汕生意人还有不少，比如，泰国正大的谢国民，泰国新首富苏旭明，香港著名实业家、丽新集团创办人、亚洲电视永远名誉主席林百欣，香港富豪刘銮雄等。

值得一提的是，深圳是潮汕人做生意相对更集中的一个城市，而这座城市集中了超过 400 万的潮汕人，最能代表他们存在的，便是深圳核心区域的深圳中心区，这里的项目几乎由潮汕的民营企业包揽开发。

未经证实的公开信息显示，位于深圳中心区的购物公园项目，朝北的由深圳城建担纲修建，而南边地块则由一家名为泰华的潮汕人公司拍得，后来出售给同是潮汕公司的星河地产，并修建了深圳著名的 COCO Park 广场。

深圳中心城的星河国际与丽思卡尔顿酒店，也是由潮汕人接棒建起来的。

深圳前海的开发，也见到潮汕的生意人，姚振华的前海人寿，正是注册于此的公司。

在广州与深圳两地，著名的潮汕生意人，还有拥有地产板块诸如合生创展等多产业帝国的朱孟依，在深圳地产圈的隐形富豪、鸿荣源集团董事长赖海明，以及深圳星河地产董事长黄楚龙等，当然，现在也要加上姚振华的名字。

优秀的企业家也不乏潮汕人，比如黄姓的黄楚标，他被称为“深圳李嘉诚”“深圳王”，他的财富积累亦是从深圳开发房地产起家的；还有在深圳地产界知名的地产商中洲地产老板黄光苗、茂业系掌门人黄茂如、大中华投资集团黄世再，以及观澜湖集团主席朱鼎健、深国商郑康豪、海岸集团李奕标等等。

在互联网世界中享有盛名、被称为“企鹅之父”的马化腾，也是潮汕人。

潮汕人低调、富有而务实。

在深圳从事金融业的潮汕朋友说，作为潮汕人，他们比较团结，善于抱团，也很吃苦耐劳，即使知道很艰险，只要有机会，他们会尽最大努力去实现，而不是放弃。“如果我有那个平台，我也会这么做。”他说。

善于抱团这点，从姚振华“缺钱”的消息传出后潮汕人便站出来力挺，就可以看出。

2016 年 7 月 8 日，就在“宝万之争”处于焦灼时期，时任广东汕头市委书记陈良贤，应邀带队前往姚振华的宝能集团参观考察。当日，到现场的有 30 多位潮汕商人，他们中一些表示，如果宝能需要支持尽管开口，将全力支持。

姚振华是汕头人，兼任广东潮汕商会荣誉会长。

在潮汕有这样的文化：“宁可睡地板，也要做老板。”从出生开始，围绕在他们身边的便是浓浓的经商氛围。

潮汕商人经商的典型特征是彪悍。

即使在明清时期，政府实行海禁，禁止私自下海。潮汕沿海地区的人们为了生计，经常违禁下海，遇到查禁，如果没有逃匿，就以武装对抗，还形成过海上武装的潮商团体。

“我开车回潮汕老家，如果路过一些彪悍的村庄，他们要和我硬来，我会殊死反抗，我们就是这样的文化，我们那里的人都这样。”那位在深圳从事金融行业的潮汕人说。

据他透露，大约几年前，姚振华曾经向他的一个潮汕大哥公司借钱，他曾经工作的四大行深圳分行某支行的下属帮着跟过姚的贷款，这两个渠道都曾对姚振华的还贷实力进行过调查。

“当时是姚振华的弟弟姚建辉来协助办理的。潮汕大哥公司的负责人见过姚振华，觉得他其貌不扬。”他说。

把目光调回姚振华的金控平台，前海人寿 2015 年开始，从二级市场买入万科，而宝能的金控布局却还在扩容。

中国人寿（海外）副总裁高安凤、深圳保监局局长助理周冬梅、平安人寿总精算师沈成方、陆金所财务总监秦国斌、国信证券副总裁、华夏基金管过百亿产品的明星基金经理等，陆陆续续加入宝能集团。

资深与专业人士加盟给宝能集团带来的好处显而易见：上述《姚振华背后的操盘手》提到，截至 2015 年末，宝能旗下的深业物流获取银行总授信 75 亿元，其中工行授信 18.8 亿元，占比 25%，为最大贷款提供者。

另一个数据是，截至 2015 年 12 月 31 日，钜盛华获得的授信额度共 91.2 亿元，未使用额度仅剩 2.05 亿元，即已提取 89.15 亿元。其中，工商银行授信 18.8 亿元，平安银行 10 亿元。

当然，姚振华的“宝能帝国”之所以能快速成长，与中国金融与证券市场进入了新的发展阶段密不可分。

姚振华充分把握并抓住了转瞬即逝的机会，像嗅觉灵敏的狼一样，快速行动，抢占到最佳位置与时间点，有些甚至在当下是难以复制的孤例。

2014 年 8 月，中国国务院发布了一份名为“关于加快发展现代保险服务业的若干意见”的新“国十条”指导意见，并将保险业定位于国家治理体系的重要组成部分。

新“国十条”被看作改革开放以来，保险业获得的最大的政策红利。这也意味着，中国保险业迎来发展的春天，也包括姚振华的前海人寿。

这家公司成立于 2012 年，注册在深圳前海蛇口自贸区。2014 年底，前海人寿的保费总规模超过 340 亿元。

前海人寿要为 340 亿元保费负责，要为其中一大笔资金找到好的投资渠道。

2015 年 1 月，前海人寿盯住了一个完美的猎物——万科。不过，依据当时的监管规定，投资单一蓝筹股票的比例上限为上季度末总资产的5%。以前海人寿2014年底总资产560亿元计算，即使到2015年初，前海人寿把可以用到的投资万科的额度用尽，也不过可以买到不超过30亿元的万科股份。

可是，姚振华盯着肥美的猎物，未曾移开过他的目光。

机会出现在2015年6月的股灾，股市暴跌，保监会发布了一份《关于提高保险资金投资蓝筹股票监管比例有关事项的通知》。

它带来的变化是，符合条件的保险公司，经报中国保监会备案，投资单一蓝筹股票的余额占上季度末总资产的监管比例上限由5%调整为10%；投资权益类资产的余额占上季度末总资产比例达到30%的，可进一步增持蓝筹股票，增持后权益类资产余额不高于上季度末总资产的40%。

另一个变化是，前海人寿用9个月的时间实现了总资产的快速扩张，接近千亿元。也就是说，在通知发布前后，保守估计前海人寿的总资产已为七八百亿元，这意味着，它可以将七八十亿元的资金用于购买万科。

于是，姚振华对万科股票的购买，就像搭上了高速列车，一发不可收。前海人寿的平台买到了上限，他便动用钜盛华这个资金平台，引入9个资产管理计划，实现对万科的增持，不依不饶、不离不弃，四度举牌，一下子把自己买成了万科的大股东，超越华润，持股超过25%。

数据在佐证姚振华的运作路径。

2014年，前海人寿的权益资产（投资股票）的投资总额约为95亿元。2015年，这家公司开始陆续买入万科，而最大的增持发生在2015年7月，亦即保监会的通知发布时点，公开数据显示，它用了94亿元的资金吃入万科，相当于2014年这家公司权益资产的总投资额。

当然，数据并未包含钜盛华对万科股票的购买。

在“宝万之争”爆发，姚振华与王石撕破脸，姚振华站出来公开表态时，他这样表示：“我们投资万科既是去年股灾时响应国家号召的救市行动，又是新‘国十条’背景下保险资金对接实体经济的内在要求。”

当然，姚振华在此时的表态，一路坚称“投资万科股票是希望分享投资回报，做万科的战略投资人”。

然而，如时代浪潮般，事情的发展，有时是被一种称为“势”的东西推动。据称，姚振华请万通创始人当中间人约见王石时，王石一句“当万科大股东，你卖菜出身的不配”，让姚振华这个个头不高的中年男人下不来台，他耐着性子与王石谈了两个多小时，最后脸色阴沉地走了。

他们成了水火难容的两种物质，和王石一样，此时的姚振华亦不再想放弃万科。相反，他看重的是在董事会中的话语权——姚振华手里的资管计划存续期，都设立到了万科本届董事会到任期限的2017年之后。

有些资本市场常识的人都可以看出，姚振华的目的已经非常明确：要在董事会获得席位。

声势浩大的争夺就此拉开帷幕。

资本市场哗然、民意涛涛、专家学者各抒己见、官员发声，监管机构像被放在火上炙烤。无论是银监会、证监会，还是保监会，纷纷派调查组入驻，针对性出台政策，防微杜渐，谁也不敢轻视这一事件对中国整个金融市场的影响与推动。

申请万科紧急停牌的王石，给了它一个怎样的新世界？

北京正值雾霾袭城的秋季。晚上10点的四环，高速路上车与车的能见度低于20米。

2016年10月21日这天，安静了一个月的“宝万之争”又出现了新的插曲：自称十分“独立”的万科独立董事华生，发表了一篇《怎样建设一个强大的资本市场——我为什么不赞成大股东意见（续完）》的文章。

在台风侵袭后的深圳，宝能集团把这篇文章收纳进了“万科动态”的工作简报中。

华生并未因这个“续完”而甘于平静。他准备在北京举行一场“华生媒体见面会”。就在发表“续完”文章的当天，他把媒体见面的时间，由10月24日上午10点，改到了10月31日上午10点。

看起来，“宝万之争”新的“战争”一触即发，让这个秋冬之交的北京喧嚣而热闹。而华生，正在力争把自己由配角炒成这个故事的主角。

接近宝能集团的人透露，姚振华的宝能集团显得比较淡定。他们已提前在准备一些可能出现的应变措施，比如，万一万科的股份增持触发了全面要约收购。

北京的雾霾与深圳的台风，让这两个城市的人们都在朋友圈里纷纷晒出两地的风景：晚霞映红了深圳的地王大厦，雾霾盖住了北京的天空。戴着口罩裹着羽绒服的北京人和穿着单衣的深圳人，面带倦色地穿梭于城市的大街小巷。

他们的生活依然照旧。在这个下午，没人留意到，姚振华与王石、宝能集团与万科，在平静时空下的翻腾：表面有多平静，内里便有多不羁。

这不禁让人想起时任万科董事长王石，这个刚毅、能量爆棚、最有权力董事会精神标杆的管理者，正在倾尽毕生精力，殊死一搏，阻挡万科已然到来的变化。

不过，这件事情正在变得棘手而困难。

在姚振华的宝能集团把自己从二级市场买成万科的第一大股东后，王石急了，就像之前的“君万之争”一样，万科停牌了。

“君万之争”时，他的几个电话与周旋，获得了驰援。但决定胜负的关键在于，操盘手宁志翔做了老鼠仓，被王石与万科管理层查获。而这一次，却千头万绪，姚振华占尽了天时、地利、人和，在规则经得起推敲的前提下，拉开了商业契约的大旗。

而王石的年纪、精力与团队掌控能力，已大不如二三十年前，多少显得有点背水一战的味道。胜算无从预计，摁平了这一方，翘起了那一方，波澜四起而无处集中火力的局面，使得他心力交瘁。

不知道此刻，王石是否真心意识到，一年前与姚振华见面时，他那番“不合时宜的话”，把自己推向了被动的死胡同。

这是一个令人费解而又印象深刻的王石。

蓝狮子创办人吴晓波在给王石的书写序时，提到了王石身份的焦虑。他说，王石这一代人，少时贫瘠，青春荒芜，及至壮年，才守到雨霁云开。日后他遇到的每一件事，都不可思议，超出以往经验值，他们的成功几乎都凭借无畏的勇气和对秩序的破坏。

他把王石走到成功，及至后来美欧游学，归结于疾病的启喻和对自我身份的焦虑。他在《病人王石》的文章里写过这样的一句话：王石把他自己当成了“病人”，在没有约束、众星捧月中又有多少人能找到自我？

这也是王石的自我反思。

在“捐款门”事件时，王石的一番“不合时宜”的言论，曾经令万科经历了深重的舆论危机，而他自己也在那个事件中十分迷茫。

在代表管理层，提请万科股东大会同意向灾区追加1亿元捐款时，他百感交集。他对股东说，觉得自己像一个青涩的苹果，由于万科的影响力，社会对他有了不同的要求，他却浑然不觉。

他甚至自问，这是社会的问题，还是他自己的问题。他能找到的答案是，社会有问题，但更多的是，他和万科在成长中未能意识到自身角色已经发生了变化。

万科成长得太快，作为最高管理者的他，是否也需要快速成长与完善？

这对王石是一个比较难的命题：谁来提醒他这一点呢？除了棘手的问题已然摆在面前，他去经历、去摔倒、去爬起来，还能怎样？他所经历的，是其他人没有经历过或者根本就无从经历的。

这样摸爬滚打的王石，曾经出现在万科介入房地产业务时。

当时，王石曾经公开表示，他不喜欢房地产这个行业。作为一家房地产公司的最高管理者，这是真性情王石的组成部分，可是郁亮善意提醒他，你这么说是不合适的。

这样的王石出现在与历任大股东的沟通中，尽管可见的原因中的一个重要因素，是出于对万科深深的爱。他把万科当成自己的孩子，而他是万科这艘大船的“拥有者”及领航者，以及他对万科负有“天生”的责任感。

最近的一次，是他因失望而发的朋友圈，他指称华润集团对万科的支持不够。其后，华润集团与宝能集团姚振华是一致行动人的市场传言甚嚣尘上，这多少让华润集团的掌门人深感不适。

这之前，王石说万科新晋大股东宝能集团拥有者姚振华是卖菜的。

更早前，他为了万科的长远打算，想把这家公司托付于值得托付的大股东，第一次试图引入华润集团时，遭到了深圳特发集团原大股东的阻碍。甚至在万科股份制改造，第一批上市时，也经历了诸多的波折。

这样的王石也出现在“拐点论”门。

2007年底，在一个公开场合，王石提到了楼市的拐点，虽然他说的是实话。

在此之前，万科的一个管理层做了一份内部使用的市场报告，提到市场已经发生变化，市场下行信号明显，成交量环比下滑，全局市场调整不可避免。

没人告诉王石，作为中国最有权力的公司的董事长、中国最有影响力的房地产公司，他能否对市场做出这样的公开判断。

结果是，万科在杭州楼盘的降价，引起了此前购房者的打砸与退房风波；同行对万科甩出“远离万科”的说法；在国内的几个大城市，万科的分公司遭遇了查税、查账风波；更大的风波在于，房地产业的股价大幅下跌。

随着刺激房地产市场的政策出台，这场风波才暂告一段落。

这是大公司的创始人在面对的一个问题：他的个人秉性，决定了这家公司的文化，而当它壮大、极具影响力时，如果他个人不能从中抽离，或者被约束，他的秉性则可能是这家公司向前的掣肘。

比如，公司越大，越容易失控，管理者的个人品牌形象又与公司的品牌形象密切相连，他的一举一动可能都代表着这个公司在公众心目中的品牌形象。

问题在于，当一个公司过于知名时，公众对这家公司的形象就更加挑剔，就像受得了多大的赞美，就要承受得起多大的诋毁一样，相辅相成。

事实上，王石对于万科这家公司的创建与发展，在当时又是至关重要、不可或缺的。

作为带领万科第一批参与股份制改造的创始人，王石将万科带向了市场化、规范化治理的商业世界。

1997年，基于对政策、市场和产业发展的认知，王石对房地产业做出科学而准确的判断，在向国务院总理朱镕基汇报工作时，引起了总理的关注，被聘为“总理的房地产顾问”。

在万科由多元化向房地产业转型的关键时期，王石为万科找到了正确的方向，迎来了万科快速发展的20年。

在住宅产业化的试点中，王石不遗余力地推动，对中国房地产业的发展来说，都极具价值。

这是一个市场嗅觉敏感，在商业发展中带着商人秉性的王石。

而“另一个”王石，又是一个外表孤傲、内心热情，渴望被关注、与外界展开更多交流的世俗世界的王石。

2000年，被视为万科舆论阵地与对外宣传窗口的《万科》周刊论坛网站上线，王石在浏览时无意中发现了一个提及他的帖子，吃惊之余，他赶紧做出回应，最后还以一句“Anyway, I am here.”的英语结尾。

虽然不苟言笑，王石的内心戏却十分丰富。

一次从青藏高原旅行回来后，王石剃了个光头。去办公室上班时，他希望别人注意到他剃了个光头，但又不想显得太明显，于是戴了个帽子——讲究地戴了个打网球时常戴的帽子。

戴帽子是为了引起注意——看到他的同事，可能好奇他为什么戴帽子，以及戴了什么帽子，这时他可以趁机把帽子摘掉，引起注意和轰动。

让王石感到失落的是，碰到他的同事，并未注意到他精心排演的片段。就在他准备主动揭去帽子露出谜底时，一位从外地回来述职约好见他的高管出现了，王石终于没忍住，摘了帽子，自己先笑起来。

这位高管看了王石一眼，没认出是他，去外面打听王石去哪里了。

这位高管边打听边对秘书说，老板房间里有客人，随后他再次转身走进王石办公室，认出了王石。他大笑起来，王石自己也乐了，跟着大笑起来。

这样的王石也存在于田朴珺的话语中。

在被人误解时，田朴珺提到，她不会去做过多解释，原因在于，“王老师说不必解释”。

这样的王石也存在于与人的交往中。

著名媒体人秦朔曾提及，王石美欧游学期间，他在美国与王石和田朴珺一起吃饭，临离开时，他问王石是不是很幸福，王石回答的是“当然”。

身居一家最具影响力的公司的最高管理者，王石正在不断地寻找他在这个公司的坐标，就像寻找他在变化的资本市场、变化的社会环境中的坐标。

当他遭遇姚振华时，这对他又是一件“不可思议，超出以往经验值”的突发事件，他在其中“痛苦”地经历。

同样给王石的书写过序的秦朔，在“宝万之争”事件发生时，甚至向万科股东提出建议，让王石出任万科终身荣誉主席。设立一项特别公益基金，让王石彻底离开经营，专注于对中国商业文明更有价值的公益实践和知识普及，从万科的王石真正走向社会的王石、中国的王石。

尽管如此，王石的坚持，让即使是这次纷争的对手宝能集团中一位女性员工，也对他充满敬意。一次开会时，提起王石现下的所作所为、遭遇的现实尴尬与身份焦虑，她在会上说：“王石为什么非要这么做，这么多对他的苛责与诟病，好可惜。”

不过，一系列事件后，王石的行为在万科内部正在被限制。

比如，2008 年，王石到访美国斯坦福大学，在胡佛研究中心看了蒋介石日记。当时，他想把所思所感发到网上，还设计了一评、二评与三评的环节。他写完一评，点击发送，就被管理者删除了。

这是受到约束的王石。

万科的王石会一直存在吗？

这几乎是个天问，又几乎很快就能找到答案。

苹果的乔布斯会一直在公司里存在吗？联想的柳传志会一直存在吗？海尔的张瑞敏会一直存在吗？

也许对于王石来说，还有朋友的王石、社会的王石，以及中国的王石，只是在当前，他可能依然想继续扮演“万科的王石”。

在这次不可思议、超出以往经验值的突发事件中，有分析认为，“万科的王石”希望从黑石那里获得一些帮助。只要有希望，看起来，他就不准备放弃。就像《肖申克的救赎》里提到的：“Hope is a good thing, maybe the best of things and no good thing ever dies!”（希望是美好的，也许是人间至善，而美好的事物永不消逝！）

2016 年 7 月 8 日上午，香港市场传出消息，称有人匿名向港交所去信，信中提及，万科计划收购黑石集团在内地的资产，涉及资金约 130 亿元，目的直指以交易资金收购万科股份，以在“宝万之争”中获得更多主动，增强万科管理层对于局势的把控。

这一传闻起因于宝能集团姚振华把自己从二级市场买成万科大股东后，万科停牌，并在随后对外宣称，计划收购“潜在卖方”，以新股与现金支付。

从香港市场流传出来的匿名信中提到，这里“潜在卖方”的收购合作方，即是黑石集团。这一计划是王石与万科管理层的 Plan B，也就是说，如果万科引入深圳地铁失败后，将可能采取这一方案。

流传出来的信的内容言之凿凿，方案甚至详细到 130 亿元资金中，有 90 亿元将向招商银行贷款，而余下的 40 亿元，万科出资 35 亿元，绿景中国主席出 5 亿元。

从宝能集团姚振华身边人传出的消息称，这一说法并不靠谱，他们并未听说。

可供参考的是，在一周前的 7 月 1 日，万科对外披露了与黑石集团的合作——计划收购后者关联企业管理的基金持有的一家大型商业地产平台公司的多数股权。

2016 年 1 月起，万科与黑石集团已展开洽谈，合作方式为成立共同控制的有限合伙制基金，收购这个项目 96. 55% 的股权。合作已获得董事会表决通过，尚未签署正式收购协议。

这也不难理解，以 130 亿元资金计算，可以买到约 6% 的万科股份，这些股份对万科管理层可能很重要，但并非决定性的。另外，黑石集团会有自己的考虑，拿 130 亿元去赌一个“不确定性”，这在黑石集团内部如何获得通过是个难题。

不过，黑石集团与万科的合作，正面临一个显得有些尴尬的局面，特别是黑石集团高级董事总经理、大中华区主席张利平。

他此前任职瑞士信贷大中华区主席时，就已是万科的独立董事。万科停牌引入深圳地铁方案的董事会投票中，张利平因故回避投票，使得万科管理层使出的杀手锏变成了钝刀，无法分出胜负。

尽管市场上有很多关于张利平回避投票的正当性的质疑，比如，黑石集团与万科有什么样的交易，使得独立董事张利平需要回避投票；既然黑石集团与万科有交易，为何张利平此前并未辞任万科独立董事；在董事会投票上，无论华润集团，还是万科管理层、独立董事，都未对张利平的回避投票行为提出质疑。

这是相关各方促成的结果。

而如今，相关各方又如何确认这一行为的结果：引入深圳地铁的方案是否已获得万科董事会通过，成了一出喜剧。

还有一个让人哭笑不得的效应是，人们对于中国上市公司独立董事的职责与角色扮演，变得越来越迷惑。

当然，保险公司的“剁手”行为正引起监管机构的注意。2015 年 12 月，时任中国保监会主席项俊波指出，保险业应该防范五大类风险，其中，股票市场的系统性波动列首位。

时任中国保监会副主席陈文辉则表示，部分举牌上市公司股票的保险公司面临集中度和流动性风险，少数控股股东或内部控制人把保险公司定位为融资平台。

生命人寿、前海人寿等，显然是过去几年的举牌大户。

第六章　罗生门：混战乱撕第一回合

和姚振华的宝能集团一起买入万科股份的北京某 VC 公司合伙人的太太，在万科复牌后第三天出售了持有的万科 A 股份，依然有不少的盈利，她对这个结果还比较满意。

不过，上海的小股东袁女士却觉得不服气，她认为万科管理层不该一意孤行地通过了引入深圳地铁的方案，而致她的投资受损。

这位小股东做了一件让人觉得意料之外而又情理之中的事情：向法院提起诉讼，要求撤销万科董事会通过的引入深圳地铁的重组决议。

尽管华润集团并不认为引入深圳地铁的方案已获通过。

把场景重现一下：2016 年 6 月 17 日，万科对外表示，准备以发行股份的方式，收购深圳地铁持有的前海国际。

随后，万科董事会对此议案进行了投票，结果是，7 位赞成，3 位反对。

问题在于，分母应该算 10，还是 11。独立董事张利平的回避投票该如何计算，成了难以协调的分歧。

万科管理层认为分母是 10，以董事会超过三分之二同意的规则计算，董事会投票获得通过。

华润认为分母是 11，董事会未有超过三分之二同意，董事会投票未获通过。

不过，在回复深交所发函问询时，万科管理层的回复是董事会已通过，于是，袁女士向深圳市盐田区法院就万科管理层的认定提起诉讼。

袁女士提交诉讼材料时，一位姓张的小股东，也表示要提起诉讼。

问题来了，万科该怎么接招？

万科给出的回复是：先交 12 亿元担保金！

这简直要为难死两位小股东了：他们每人买了不到 30 万元的万科股份，因为觉得投资利益受到损害，向法院主张权利，却要提交 12 亿元担保金，这发生了什么？求做主!!!

万科觉得很委屈。

他们给出的理由让人觉得侧目：两位小股东占万科股份比例不高，如果重组失败，对他们的影响微乎其微，却可能动摇涉资巨甚的交易。

他们认为有理由相信，两位小股东有滥用诉权、恶意阻止万科重大经营决策，谋求不当利益的嫌疑，因此要求他们交担保金，以平衡诉讼给万科和小股东造成的严重不对等的成本与风险。

万科是这么计算经济账的。

他们认为，与深圳地铁的重组交易涉及的资金为几百亿元，把这几百亿元以投资的方式来算，投资收益可观。但如果延迟，那么投资收益将受影响。

万科不忘提醒小股东，为了完成交易，他们已经支付了法律和财务费用。

那些为万科操碎了心的人算了一笔账：万科为推进这次交易涉及的财务顾问费、审计费以及资产评估费可能有 3000 万元。另一个大头是聘请香港与内地律师要付的律师费，这部分费用约为 850 万元。

他们还算了一下万科收购前海国际的投资收益：280 亿元。

也就是说，如果交易未能完成，万科要损失 280 亿元。他们还没计算万科的人力成本、时间与精力的投入呢!

无论如何，这是中国资本市场建立以来，公司股东起诉董事会，要求撤销决议，被要求提交诉讼担保金的第一案。

实在太为难了。

听到这个消息，提起诉讼的小股东不淡定了，他们的代理律师也不淡定了。

这位代理律师默默地问了一句：尽管起诉的原告股东们与被告之间在经济上存在严重的不对等，但试问，被告这般通过设置巨额诉讼担保金，就可以剥夺或阻止中小投资者的发言权吗？有钱就可以任性吗？

有钱就可以任性吗？

这话好耳熟。

姚振华也是有钱太任性。

不过，引入深圳地铁，对于万科管理层与姚振华来说，都是一场输不起的战争。

他们谁也不甘心坐以待毙，任人鱼肉。

接近“宝万之争”的人士，听到万科对小股东起诉案的回复后，哈哈大笑。

“姚振华，你就是借了很多钱来炒股，风险太大”

2016年7月29日，有媒体聚集在万科总部，他们在这里查阅姚振华宝能集团旗下的钜盛华交存给万科的9个资管计划资料。

从微博的配图照片来看，摄像机对准了记者。记者坐在一张看起来像会议室里的大桌子旁，左前方放着厚厚一叠看起来像资料一样的纸张，这些纸张被粉色与蓝色的夹子分开夹好。

看到这个截屏的场景后，接近宝能集团的人评价说：“当时先说好是保密资料，仅供小股东依法查阅，现在居然请了电视台采访报道!”

这是“宝万之争”后，万科的反击：他们要揭开姚振华“借钱炒股”的真相，把姚振华从二级市场买入万科A股份的资金来源公布于天下，并试图从中找到金融工具的使用带来的风险，而且决定打蛇随棍上。

为此，万科向监管机构提出申请，要求钜盛华向万科提呈上述材料，存档到上市公司，满足小股东的知情权，可以依法查阅钜盛华的资本运作路径。

万科的做法直击要害——无论属实与否，如果与扰乱资本市场、破坏金融秩序、带来金融风险的隐患沾上边，条条都将触动证监会、银监会与保监会的神经。

此前几天的7月22日，证监会召开了新闻发布会，时任发言人邓舸已对“宝万之争”表达了意见。

“万科相关股东与管理层之争已经引起社会高度关注……遗憾的是，至今没有看到万科相关股东与管理层采取有诚意、有效的措施消除分歧，相反通过各种方式激化矛盾，置资本市场稳定于不顾，置公司可持续发展于不顾，置公司广大中小股东利益于不顾，严重影响了公司的市场形象及正常的生产经营，违背了公司治理的义务。”邓舸说。

“证监会对万科相关股东与管理层表示谴责。”

这是个非常重要的信号：双方不能再任性地闹下去。

对于万科管理层与姚振华的宝能来说，证监会相当于各打了他们几板子。

在此之前，证监会已与宝能集团姚振华和万科管理层进行过密切而广泛的沟通，内容涉及证券市场规则下，“宝万之争”的合法合规性、小股东利益以及现有框架下怎样更好规管涉事双方。

然而，现有规则却并不能完全适用于“宝万之争”。

万科找到了一些线索，比如，钜盛华提交的九个资管计划的材料显示，资管计划的条款中，都有约定差额补足这一条。

以一款名为“东兴信鑫7号集合资产管理计划”（以下简称“东兴7号资管计划”）为例，姚振华、宝能投资与钜盛华，为平安信托提供差额付款承诺。

你想起来前面提到的信托在中国是一个什么样的实体了吗？以及你想到了张金顺吗？时任宝能金控的总裁，他之前在平安信托任董事长。

再往前拉一拉，张金顺是邵平的旧部，跟着邵平一起来到平安银行，后来几级跳从银行过渡到信托。

把视线拉回到张金顺。

这款名为“东兴7号资管计划”，它的稳健级投资人是平安信托。也就是说，它的角色可能是收取投入资金的固定收益（回报），或者风险最小的投资人。

当然，劣后是钜盛华。什么是劣后呢？也就是说，这个资管计划如果出了问题，那么最先亏损、收不回来钱的，是钜盛华。

这款资管计划拉上了钜盛华、宝能投资与姚振华，做连带不可撤销的差额付款责任。

这句话就是说，如果劣后的钱亏完了，这三方需要追加钱进来，继续作为亏损的承担方，直到资管计划到期。

并不奇怪的地方是，在签订“东兴7号资管计划”合同时，稳健投资人这一方的平安信托，它的法人正是后来去宝能金控的张金顺。

这款计划的对外公布，对姚振华、平安信托以及资金的使用本身有影响吗？

如果操作方式合理、合法、合规，则无可挑剔。毕竟，通过金融工具借钱收购公司股份，在全球范围内，并不是什么新鲜事。前提是姚振华能补齐资金，履行还款义务。

更何况，平安信托显然更看重的是，如何稳健地给它提供的资金找到稳定而安全的回报。

资管计划的合同约定，平安信托按季收取收益，在资产管理计划存续期间，平安信托将从中收取收益、保管费和管理费。

如果资管计划资金账户中的现金不够，姚振华和它的宝能集团将补足这些差额。

这么合算的生意，平安信托倒没有理由不做。

需要提一句的是，截至 2016 年 7 月 5 日，“东兴 7 号资管计划”一共花了近 12 亿元买入万科 A，均价不到 20 元。截至 2016 年 10 月 24 日，万科 A 的股价为 25 元。

证监会对此相当关注与重视，原因在于“宝万之争”热度不减，每天都有新剧情上演，停不下来。

就在差不多时间，万科员工持股计划与合伙人计划的风波兴起。

一位在万科工作的员工告诉我，他的项目跟投，半年拿到了约 30% 的收益。

他提及，公司内部曾提到一个数据，“投资收益比似乎为 3.14 倍”。他的说法无从求证，具体算法亦无书面材料可以佐证。

不过，忙得团团转的宝能一方对此亦心中有数。“他们对跟投项目知根知底，万无一失，所以大胆借钱加杠杆。”

这对于小股东来说，意味着信息不对称。

“他们的做法，要符合市场规则，必须股东通过才行！”宝能一方对万科员工持股计划、合伙人与跟投项目信息披露得不充分提出质疑。

这时，一篇《十问万科：监管机关还不出手清查万科?》的文章横空出世，在证监会指定的法定披露媒体《证券市场红周刊》上刊登。

文章直指万科管理层涉嫌内幕交易、内部人控制、掏空万科、高额套现等，引起轩然大波。

其中几点新内容，让万科管理层显得“很不懂规矩”。

比如，万科独立董事华生在媒体上公开指责万科在尚未具体可靠的重组标的情况下“火速停牌”，“情急停牌后，病急乱投医”。

至于“小草计划”培养的万科外部合伙人，涉嫌掏空万科、侵犯股东利益等，更是前所未闻。

2015 年，万科发布了《万科集团内部创业管理办法》，这一举动，主要是鼓励在万科工作超过 2 年的内部员工创业。

不久后，这一举动增添了新的内容，即对于员工创业项目，万科以投资入股的方式予以鼓励。

这在当时的市场状况下，其实并不是什么新鲜事，至于这一做法是否合情合理，不同的公司有不同的状况。

万科被质疑的，是他们投资前高管毛大庆与肖莉，不过没有公开说法与证据对是否有投资进行佐证。

离开万科后，毛大庆创办了他的优客工场。在为此举行的发布会上，时任万科北京区域本部首席执行官刘肖曾前往助阵。

另一位离职的前高管肖莉，则去了房多多，据闻一些项目与万科展开合作。

在“宝万之争”最激烈的时期，毛大庆是公开站出来力挺万科与王石的万科前高管之一。

这不禁让人想起，当年为了邀请毛大庆加盟，万科人力资源部曾多次约谈，甚至到毛大庆家门口堵截。不巧的是，当天毛大庆没回家，手机没电，人力资源部的同事等到凌晨 4 点离开。第二天又前往等候，才终于打动了毛大庆。

这是让人动容的一幕场景，多少有点“士为知己者死”的古风情节，这种知遇之恩，也一定令毛大庆难忘。

对于“宝万之争”，毛大庆公开表示，收购方在未经目标公司董事会允许、不管对方是否同意的情况下进行的收购，管理层与现有股东的“阻击”动作是合乎情理的正常行为与国际惯例。

“然而在宝能成为第一大股东后，提议罢免万科董事会所有成员，虽然有此动议权，但如果作为中国房地产行业里阳光、健康的上市企业的典型，万科就此陷入衰退和乱局……也必然造成中国健康的资本市场建设之路的沉痛损失。当然，后来宝能对深交所表态中‘优化万科治理结构’并‘不意在换掉全部董事’的说法则相对比较讲理。”

不过，这篇《十问万科：监管机关还不出手清查万科?》看起来怎么都像宝能集团的爆料与还击。

万科管理层也没闲着。

万科工会祭出狠招：起诉宝能持股达5%以后，未及时披露，违规增持，要求法院判决宝能不能对违法持有的万科A行使表决权、投票权、提名权，以及提议召开股东大会的权利与其他权利。

在一份万科工会提交的《民事起诉状》中，他们把钜盛华、前海人寿、南方资本、泰信基金、西部利得告上了深圳市罗湖区人民法院。

在这份诉状中，万科工会给出的理由是，2015年7月10日，当钜盛华、前海人寿增持万科A的股份到5%，以及7月24日、8月26日再资增持万科A分别达到5%时等等，没有履行向证监会书面报告的义务。

万科的诉讼请求是，判令5名被起诉的对象，持有万科A股股票达到5%、继续增持万科A股股票的行为属于无效民事行为。

这让宝能集团的人有点无所适从。

他们认为，提起诉讼的主体为什么是万科工会。证监会是执法机构，执法机构过了大半年也未曾提起，万科现在突然提起，让证监会何去何从?需要说明的是，根据判例，民事行为案件，作为监管机构，可以处罚罚款，未见过判例让股东不要成为股东，更未判例让股东不要行使股东权利。

在差不多同时发生的撕扯，还有万科最大单一个人股东刘元生，对宝能集团姚振华与华润集团一致行动人的举报，万科员工到深圳市政府门前请愿。

在这其中，关于王石女朋友田朴珺的撕扯，是最让人惊诧而又尴尬的。

传言：王石，你女朋友利用万科赚钱

2016年10月6日，演员田朴珺向北京朝阳法院提起诉讼，原因在于微信公众号持有人王女士，以“兽楼处”的名义，发表了一篇《田朴珺撩汉往事，世界就这样被野路子的女人抢走》的文章。7小时内，这篇文章的阅读量已超过120万，成为最火爆的爆款八卦。

田朴珺认为“撩汉”“走野路子”是侵权行为，要求王女士赔偿精神损失费50万元，及合理支出5万元，并要求她赔礼道歉、消除影响。

这篇文章里，提到王石的“困局”及万科“死亡”的原因，“王石多年积累的商誉，在田小姐长时间的自我炒作中消耗殆尽”，“王石今日之困局，很大程度上受到了这段关系的拖累”等内容，田朴珺认为这是横加指责、诋毁，不尊重事实。

无论如何道歉、消除影响，这对于万科董事长王石与他的女朋友田朴珺都是沉重打击。

如果这还停留在公众对于一个知名人士的私德上的要求，那么，关于田朴珺做的地产生意与万科有关，以及她从事关联交易、涉嫌违法犯罪的说法，则挑动的是法律的神经。这对于公众对一家公司创始人的认知与看法，以及由此带来的对公司治理信任度的下降，是摧毁性打击。

当这篇文章在网上被疯狂转载与阅读时，田朴珺进行了回应。

她表示：时代大事在前，我不重要，如果只是批评，有则改之，无则加勉；如果只是话语狂欢，也会遵照王老师这几年教会我的最宝贵的道理，让“时间证明一切”。

情绪激动处，田朴珺提到：无中生有、造谣诽谤，对不起，我容忍，法律也不会容忍。这是文明社会，不是舆论的私刑场，难道关于我的事实、人格，法律就不必尊重？就可以一而再再而三地不必被尊重？我想当女汉子不意味着该被嘲笑，想以大局为重也不意味着任人侮辱，像每个文明人一样，我可以看淡个人，不会看淡法律。

然而，一波未平，一波又起。

就在“撩汉”文发表前后，网上曝出一张疑似企业信息公示图。

这是一张看起来像“全国企业信用信息公示系统（北京）”的图片，上面显示田朴珺2010年参与一家公司，注册资本10万元，销售总额140多亿元，纳税为零，负债200亿元。

事实上，在这张像“全国企业信用信息公示系统（北京）”的图片上，存在一个名为“田朴珺”为股东的公司，这家公司全名为“北京玖阳晟禾科技有限公司”，但两者是否为同一人，则不得而知。

这家名声大振的公司，曾经投资过由田朴珺的朋友陈可辛导演、在国内大卖的影片《中国合伙人》，亦是这部电影的联合出品方之一。

田朴珺本人曾在这部影片中担任联合制片人。

北京玖阳晟禾科技有限公司，2013年与2014年的销售总额分别超过596亿元和143亿元。

令人相当震惊的是，这家公司2013年与2014年相继亏损，分别亏损8.6亿元与34亿元。

这家工商登记于“北京市朝阳区甜水西园23号楼3层302室”的公司，从业人数为10人，其后做过变更，修改为4人，这家公司2015年的财务信息未公示。

随后，田朴珺在微博上回应了“北京玖阳晟禾科技有限公司”的情况，她提到说，第二天去工商局弄清楚情况，是他们把这公司涉及的金额的单位弄错了，正确的应该是“元”，而不是“万元”。

媒体前往这家公司的注册地址进行了探访。

物管告知注册地址是万科公园五号的一部分，离万科租售中心与万科度假体验中心不远。

万科公园五号，位于朝阳区的高端公寓聚集区域，2010年12月入住，与北京玖阳晟禾科技有限公司注册时间为同一年。

不过，万科董秘第二天在一个公开场合表示，由于传闻没有证据与细节，万科管理层对此无回应。

有趣的是，这家一时非常“著名”的公司，还投资了一家名为“深圳市圣朴骏辉健康管理有限公司”的公司，公司股东名单当中，出现了“深圳华大基因科技有限公司”的名字。

媒体还找到了一些有趣的关联。

在工商登记的另一家北京承礼文化传媒有限公司，也出现了一个法定代表人、出资人均为“田朴珺”的名字，这家公司注册资本 100 万元，位于北京市丰台区宋庄路 26 号院 11 号楼 15 层 1510，于 2015 年初成立。

巧合的是，这家公司的通信地址，与北京玖阳晟禾科技有限公司的登记地址隔得很近，前者为“北京市朝阳区甜水西园 23 号楼 3 层 301 室”，后者为同一地址的 302 室。

另外一点是，两家公司预留的邮箱地址均为 nine9sky@ 126. com。而这个地址，与一个注册名为“田朴珺工作室”的新浪微博上留下的联系邮箱，居然也是同一个。

除了这两家公司，还有一些公司也出现了“田朴珺”这个名字。

比如，2013 年成立的东阳横店九天云影视文化工作室、2015 年成立的东阳九天云影视广告有限公司。

这些信息被披露，无论真假，对于王石、田朴珺以及万科的管理层，都是十分有“杀伤力”的。

更难堪的是，那篇被田朴珺起诉的“撩汉”文里提到一些未经证实的传言。

比如：“据说，王石本不想去美国读书，但是田小姐特别想去美国，于是就去了。”

“据说，郁亮和丁长峰只要一听说田小姐来万科了，就要跑路，太怕面对这个女人了。”

“据说田小姐不仅倒腾万科，还炒万科的房子挣了不少钱。”

“据说田小姐曾经一分钱没交，买下万科某一线城市核心地产的绝版地产绝版豪宅一整层，然后又转手卖掉获利数千万元。”

这些传言对于公众来说，无疑就像一枚重磅炸弹。

在没有更多证据来表明这些信息不实前，王石在他们心目中的形象开始坍塌。那些“情怀的王石”，在这些传言面前有些尴尬。

从外界来看，这些真假难辨的信息能产生的合理联想，便是由宝能集团所为，不过接近宝能集团的人士表示没听说“撩汉”为宝能集团所为，他们也觉得奇怪。

尴尬的华润集团与法学家之辩

2016 年 6 月底，北京大学国家发展研究院教授、央行货币政策委员会原委员周其仁从国外出差回来了。

落地北京那天，他一开手机，便收到了时任万科董事长王石在股东大会上向万科大股东、宝能集团掌门人姚振华道歉的信息。

周其仁曾经给王石的书写过序。

他在书中这样写道：“多少商场英雄豪杰，哪个不是曾经有雄心和梦想？可是回头看，经得起岁月蹂躏的，怎么算也是少之又少。可以说，时也、运也、命也，个人控制不了的因素多到屈指难算，但当事人在每个岔路口的判断、抉择和行动，怎样打量也是非宿命论的历史的一个要件。从这个角度看，王石的故事有说服力。要不是硬得颇有分量，纵然再有 1000 个王石恐怕也早被市场的大潮吞没，还有日后的万科吗？可能的，概率几近于零就是了。”

听了几句股东大会现场直播后，他觉得王石应该道歉。

“身为万科这样一间天下知名的大型公众公司的董事长，受托对全体股东尽勤勉之责，当然不可以语出伤人。就算人家‘恶意收购’，那也是市场制度的题中应有之安排，否则何来市场纪律约束下的公司良治？”周其仁公开表示。

他的感受应该更复杂。

他用“心目中多年的企业家英雄王石，在公司履责方面出了一些新情况”，来形容他的感受。他认为王石面对今日之局面，和“爬山游学上媒体的时间多，跟大小股东沟通努力少”有关。

就像大多数人的看法一样，大家都觉得万科是家优秀的好公司，但股权结构从这家公司上市开始，就一直存在缺陷。

王石与万科的管理层，并没有给予太多时间与精力去想办法真正解决这个问题，这也是更多的质疑所在：为什么一定要等待这家“盛年”的公司，陷入当今之尴尬局面？

“身为创业企业家总有可反省之处吧？”他表示。

身为学者、对资本市场有深入研究的专家，周其仁代表一个精英群体的声音。他公开对“宝万之争”事件发表了他的看法。他的痛心，用一句“真不希望写一篇《可惜了，万科》”，已表达得淋漓尽致。

备受煎熬与压力的，还有华润集团。

周其仁用“最看不懂的是华润出牌”，来形容他对华润集团在“宝万之争”中扮演的角色的看法。

不过，华润集团此刻更为关注的是，引入深圳地铁这个方案对他们的影响。毕竟他们做了15年万科的大股东，这一次，却可能因为深圳地铁的引入而利益受损。

就像宝能集团控制人姚振华在表述反对引入深圳地铁时提到的一样，宝能集团持有万科的股份将可能因此被摊薄5%，使得宝能系持股低于深圳地铁。

同样被摊薄的股权，还有华润集团。

这对两家股东带去的影响是：他们可能因为股权的摊薄，而同时面临董事会话语权（如果有）的减小，以至其后对于他们在万科中的利益造成损失。

在一致行动人嫌疑的舆论、万科管理层宣称引入深圳地铁议案获得董事会通过的压力下，华润集团被迫行动起来。

“宝万之争”中，华润集团所扮演的角色被质疑的声音越来越多，傅育宁专门写过文章，公开表达他对华润集团今天发展重点的思考，以表明他对公司的管理立场。

一位结识傅育宁多年的人透露，就他看来，傅育宁是一个纯技术派，作风“一本正经”，对于王石“不务正业、谈恋爱泡妞”的行为，他从内心里应该是不赞赏的。

他认为傅育宁是典型的技术派，一丝不苟。他了解的傅育宁表现得和他平常所表现的一样：低调、平常，很看重公序良俗。

7月4日，华润集团的官方微信平台挂出一篇文章：《6·17万科重组预案公开资料显示是否获通过？法学专家论证会形成了最权威的法律意见书》。

通过这篇文章，华润集团想从舆论与法理上传递出立场。

一天前，一家名为北京市竞天公诚律师事务所的机构，与北京大学企业与公司法研究中心，邀请了13位权威法学专家，专门开了一个“万科股权争议论证会”，讨论万科管理层宣称的引入深圳地铁议案获得通过的董事会决议效力，以及与一致行动人相关的法律问题。

尽管这个讨论会的组织机构是一家律师事务所和一个中国最顶尖学府的公司法研究中心，但从讨论内容以及第二天在华润集团官方微信上的引用来看，这怎么都像和华润集团有关系，以回应周其仁提到的“最看不懂的是华润出牌”的质疑。

周其仁质疑的点是，华润集团的商业策略看起来是不撤、不战，也不准万科再战，摆明就是乐见宝能心想事成。

执掌华润集团期间，宁高宁对于华润集团在万科股权投资中扮演的角色的定位是财务投资人，这种做法让超大央企成为万科的实力后盾，对于防止其他力量觊觎万科控制地位起到了“震慑”效果。

不过，作为一名学者，周其仁还是直指核心地发问：华润新掌门人如果要改戏，可以撤资转投更看好的项目，也可大幅增资直达控股，换掉他不再信任的企业管理层。一不撤资，二不大幅增持，看上去还是萧规曹随，可门外陌生人——别说人家是野蛮人好不好——敲门，华润又磨磨蹭蹭不做反应。开始或可说是大意，一家才设立没几年的新锐险企，怎么挑战得了央企巨无霸？到了对方志在必得之心显露无疑，三下五除二就当上了万科第一大股东，华润居然心甘情愿当第二大股东。

华远集团前董事长，人称“任大炮”的任志强，把这归结于华润集团对形势的误判。

任志强火力十足：首先强调的一点是，华润集团是万科股权之争的主角。“一个持股十多年的控股大股东，曾经为打造一个全国优秀的地产公司付出了现金、智慧、后台优势、董事推荐等帮助，并取得了巨大的成果。其持股比例也随之增加到了15%以上。难道其在这次新的战争中无力反抗而宁愿放弃吗?”

华润集团在万科扮演的角色这件事情上，任志强是更有发言权的：二三十年前，他曾经带着支票，准备去接管万科。

1997 年，万科准备增资扩股，王石与时任万科大股东的深圳特发集团陈姓负责人，商谈后者为增资扩股出钱。

3 天后，陈姓负责人原本答应出资，却改变了主意，这让王石感受复杂。

不过，他对自己与万科是充满自信的：如果陈姓负责人不增资，反而是引入其他大股东来增资的机会。

出钱的事情黄了，王石脑子一转，又带着郁亮去和这位陈姓负责人商谈卖掉深圳特发集团持有万科股份的事情。

陈姓负责人同意了。

王石这时已经找到愿意接盘的人——香港华润集团。

不久后，香港华润集团旗下的华创公司执行董事黄铁鹰出面与陈姓负责人商谈，双方协商的条件是，一次性付款，要人民币付款（买家是香港公司）。

在约定的时间快要到来前，王石向陈姓负责人多次确认。

黄铁鹰安排了时任北京华远董事长的任志强，带着人民币的支票飞往深圳。任志强的飞机还在空中，深圳特发集团的一位副总给王石打电话，表示他们不卖万科的股份了。

于是，任志强做了一次北京到深圳一日飞行空中游。

任志强认为这次“宝万之争”中，华润集团出现了失误。

就像一个越强大的人，可能在战术上越容易藐视对手一样，任志强认为，华润集团在这点上犯了错误——华润集团可能认为民营企业不可能愿意和著名的央企进行争夺与对抗，无非是想通过股市的升值，实现投资价值最大化。

接下来，低估了对手的实力——华润集团没想到，一家民营企业居然蓄谋已久，备足了子弹，在资金上的反应如此之迅速。恰恰相反的是，华润集团则显得迟缓与效率不高。

然后，华润错失了增持万科的良机，而姚振华则抢占了先机。后者像一匹盯着猎物的狼，只待时机出现，迅速出动，快速拿下，弹无虚发，一招致命。

不过，华润集团还是在已然形成的局面中，尽量寻求对自己有利的机会。

比如，万科管理层宣布董事会决议通过，社会上便出现了组织专家来讨论的一幕，通过权威学者的声音，来表达对万科管理层宣布的结果的不同意见。

13 位法学专家，在这次讨论会上达成了《万科公司股权争议论证会专家意见书》。

不得不说，这 13 位法学专家的阵容相当强大。

参与这次讨论会的，有法学泰斗、著名法学专家、中国政法大学终身教授、博导江平，清华大学法学院教授、博导、民法研究中心主任、中国民法学研究会副会长崔建远，中国社会科学院法学研究所研究员、博导、民法研究室副主任、中国民法学研究会副会长孙宪忠等。

这份意见书的结论是：独立董事张利平提出回避表决的理由不符合法律及《万科公司章程》的相关规定。

6·17 董事会决议实际上并未有效形成，按照现行法的规定，股东可请求人民法院撤销该决议。从讨论会上提供的材料和迄今公开披露的信息来看，没有证据表明华润公司与宝能公司应被认定为一致行动人。

股权分散且以创始人为管理核心的上市公司，要避免产生内部人控制、忽视股东合理诉求与合法权益的现象发生。

上市公司信息披露应遵守法律、章程及公司内部规定，董事（含独立董事）个体不宜擅自披露未公开信息，泄露公司秘密。

意见书满满的“此地无银三百两”，被公开暴露在了公众面前。

对手当然不能视而不见。

相反舆论的质疑是，为什么这份意见书的发布方是华润集团，而法学专家还能形成一个看起来一致的意见书——13 位专家，在同一事件上，总该有不同的看法。

随后，这份 13 位法学专家签名的意见书，迎来了尴尬时刻。

参与论证会的其中一名专家、中国民法研究会常务副会长孙宪忠疑似在朋友圈质疑：“这份曝光的材料违背了我的意见，负面的东西写得太多，基本内容超过了我的看法。”

一位叫刘俊海的法学专家说，董事会决议的法律效力，有的专家认为决议无效，有的专家认为决议可撤销，还有专家认为，按照最高法公开征求意见的公司法解释（四）草案应当确认决议不存在。

进而，这份法律意见书甚至被解读为并未召开，是法学专家签字背书。

当然，也有教授认为，华润公布的专家意见书，和当天的会议论证结果是吻合的，会议也是真实的，客观地体现了专家们论证的法理共识，专家论证意见对事不对人。

江平则私下说，这只是内部讨论，不应该发表。

尴尬的是，北京竞天公诚律师事务所，在让合作方北大企业与公司法研究中心组织讨论会时，和他们说过，意见书要公开，于是拿到专家意见书后，律师事务所把它交给了华润集团，然后华润集团公开了这份法律意见书。

这件事被一层一层剥开，而北大企业与公司法研究中心及13位法学专家，则也因此被推到了风口浪尖。事情一出，包括江平在内的参会者都纷纷接到过电话，来意是了解意见书的来去始末。

不过，这手法并不新。

就在这场专家论证会前，有过一次这样的讨论会，只不过参与者是周其仁、薛兆丰等北大教授，方式也是讨论，并没有形成意见书。

媒体记者们都很忙。

他们有的每天都会收到新的爆料。来自这场大戏的各方，谁都想找出对方的漏洞。

如果华润集团对外说了什么，市场就会传出万科表达的另外的内容；如果姚振华给了新的回应，那么万科也必然有比这更新的回应。

刀光剑影，虽未见血，却血雨腥风。

一个一个出来的新信息，包含着不同的曝料。

这是专业团队的较量。

据称“宝万之争”中有个“滚石行动”。没人知道“滚石行动”是什么意思，但从王石的名字来看，合理的联想是，让王石离开。

未来之所以让人期待，是因为不知道接下来会发生什么。

如果说，这一顿互撕，已让几方各伤元气，而让吃瓜群众看了一场大戏，那么，一个叫恒大的公司的加入，才使剧情的高潮妥妥地到来。

第七章　谁的万科？恒大来了

2016 年 10 月 28 日，意大利人里皮出现在中国足协于北京召开的中国足球国家队新任主帅的媒体见面会上。

人称“银狐”的里皮，头发银白，戴着一副无框眼镜，率领着协助他在广州恒大淘宝队建立功勋的团队，走马上任国足主教练。

三天前的一大早，微信群里出现了一张照片，疑似中国恒大董事局主席许家印躺在医院的一张病床上，左手用胶布贴着输液管，鼻子里也插着管子，两位疑似医生的人正往他的右手臂上裹测量血压的布。

照片中，疑似许家印头发凌乱，脸颊通红，穿着一件灰色衬衫，身上盖着毛毯。

一位媒体高层在微信群里向恒大的中高层人士询问：这是不是许家印？听说他因为里皮的事情应酬喝醉了。后者回应说，这是早上传出来的照片。

第二天下午，微信朋友圈中出现了这样的场景：许家印参与一场恒大内部篮球赛，高管队 45 ∶ 44 险胜员工队，高管队中，许家印独得 30 分，当选 MVP。

随后，许家印被媒体包围。

群里出现了疑似许家印参与篮球赛的现场照片。照片中，许家印穿着序号为 9 的黄色短袖运动套装，运动装的黑色“9”字上面，印上了恒大的英文名字。

许家印的身后，有一条红底黄字的横幅，上面可见“恒大集团职工篮球赛”字样，而许家印正跳起来，右手托着篮球，左手欲推出篮球投篮，头发乌黑，精神状态看起来不错。

这被看作许家印以此来回应他住院的“传言”。

许家印正在被空前地推到聚光灯下，原因并不是里皮曾是他的公司邀请来中国并带领广州恒大淘宝队创造了中国足球俱乐部的历史，而是他埋伏在“宝万之争”中，从二级市场偷袭，买入万科 A，突然就把自己变成了万科的第四大股东。

这个举动让市场哗然、骚动。

姚振华来做什么的，对于万科管理层来说是一个天问。如今，恒大也来了，又添了一个地问。几阵乱拳，打得万科管理层有些找不到北。

不过，没人注意到，许家印其实在七八个月前就已经开始行动了。他和姚振华在深圳见面，商量要从姚振华手里协议接过他持有的万科 A 股票。

许家印的确与姚振华见过面。在年初那个迷乱的时刻，姚振华的确考虑过把持有的万科 A 股票出售，赚到浮盈的几百亿元就离场。

不过，双方在当时并未谈妥，分歧包括付款条件。

几个月后，许家印不请自来，加入了“宝万之争”，成为继万科、宝能、华润集团之后，这一事件中新的主角。更可怕的是，它可能成为最后加入的唯一的主角。

万科大厦晃动：如果董事会来了陌生人

所有人都震惊了：中国恒大居然在姚振华与王石的战争中杀了出来，他会帮谁？是姚振华的白衣骑士，还是万科的王石时代终结者？

珠江新城是广州市区新的中心城区，它的房价已经将广州其他老城区远远拉开。在一条被称为黄埔大道的主干道上，矗立着一栋占地 7000 平方米、总建筑面积约 12 万平方米、楼高超过 189 米的建筑，它便是恒大的总部“恒大中心”大楼。

恒大中心附近，有西南证券广州天河路营业部，方圆几公里内还有第一创业证券广州猎德营业部、安信证券广州猎德营业部。

2016 年 8 月 4 日这天，当全民都被姚振华与王石的互撕吸引住眼球时，这几个营业部却正在盯着万科 A 股价的变动图。

在姚振华的宝能集团很不情愿地将购买万科 A 的九个资管呈递给万科管

理层，以至最后被公诸媒体时，市场非常迷茫，完全不知道万科 A 的股价该走向何方，它又是一只影响巨大的蓝筹股，长期被投资机构与小散户关注。

从 7 月 4 日复盘开始，万科 A 的股票便承受了巨大的抛压。包括王石与郁亮在内的管理团队，在面对姚振华提起的罢免万科管理层动议后，表态要一起离开的同仇敌忾，让人们对万科的未来以及万科 A 股价的走向十分悲观，一开盘便以跌停收场，随后连续跌停。

摩根大通等国际投行发表研究报告，认为如果万科管理层发生动荡，万科这家公司业绩将受到影响。

悲观情绪正史无前例地笼罩在万科 A 这只股票上。

那个超过 400 人的微信群里在押注：如果万科 A 的股价能在第二个跌停后，尾盘持平或翻红，他愿意以 10∶1 的赔率赔钱给对手，反之亦然。

人们开始担心，姚振华持有的万科 A 在悲观的氛围以及连续性的下跌中而爆仓，承受不了巨大的卖出砸盘压力，就此在“宝万之争”中画上悲惨的休止符。

可是没有人知道，中国恒大的许家印正让他的操盘手们趁机吃进，就像姚振华在华润集团反咬他动用了亿元资金，再次增持为万科 A 第一大股东后，资本市场表面看起来安静而祥和时，趁机吃进一样，打了个华润集团措手不及。这次，许家印再次打了王石、郁亮与华润集团一个措手不及。而对于姚振华来说，许家印则像骑着白马来拯救姚振华的骑士，挽救一个孤独无援的民营枭雄一般。

8 月 4 日这天前后，中国恒大方圆几公里的几个营业部，趁着万科 A 复牌后持续一个月的低迷，已连续动用了超过 90 亿元资金，买入了 4.68% 万科 A 的股份。

从股价上来看，许家印显然找到了一个好的购买时机。

万科复牌时的价格超过 24 元，而许家印当时购买万科 A 的均价约为 17.63 元。

从二级市场的买入时机与价格来看，许家印与姚振华再次让华润集团与万科管理层“领教”了什么是专业团队的力量。

不过，一个有趣的插曲是，许家印对万科 A 的买入行为，在股市还在开盘中被提前曝光了。这被看作是万科管理层的一次出牌：透露信息、抬高万科 A 的股价，增加许家印再买入万科 A 的成本，用以自卫。

8 月 4 日下午 1 点 13 分，“恒大买入万科或达 2%”的消息传开。2 点 6 分，恒大对外否认了这一点：许家印、恒大没有买入万科。

然而，剧情并未就此止步：许家印买入万科的消息，是记者以股东名义查询万科股东名册而获得的，记者在查阅过程中，发现了恒大买入的迹象。

这不是特别经得起推敲的说法。万科 A 的股东名册在每月固定时间更新，如果股东的持股量变化没有超过 5%，则不需要公告。恒大当时的持股量约为 2%，如果恒大的买入时点为当月更新股东名册之后，是查阅不到许家印的名字的，反之则可以。

然而，事情又反转了。

大约一两个小时后，中国恒大与许家印话锋一转，明确表态已购入了万科 A 股票，到收盘时，持股量已逼近 5% 披露线。

市场是这么分析这出剧的：眼见情形不妙，万科管理层走了一步险棋，将恒大大幅购买万科股票的消息透露给媒体，媒体发出独家报道。小散户无法淡定，大举跟进，万科涨停封盘。王石此招给了许家印一记闷棍。期间，恒大试图通过辟谣打压股价，持续洗筹。无奈小散户热情已经被点燃，为时已晚。

有趣的是，许家印入场前后，姚振华处于爆仓“紧急时刻”。

这个下午发生在万科 A 身上的戏剧性反转，引起了深交所注意。它向两边的主角发函，问题直指核心：万科有没有对外透露恒大持股情况；恒大是不是利用传言，压低股价伺机买入；恒大是否与哪一方为一致行动人。

这是万科管理层与恒大的第一次正面交手。万科管理层多了一个对手。

新局面的新问题是，许家印的中国恒大，与姚振华的宝能、华润集团，或者安邦集团，是否有一致行动人关系？

这是一个并不难回答的问题。

如果许家印与姚振华为一致行动人，年初双方会因付款方式等的分歧，而让交易流产?!

许家印与安邦呢?

安邦一直静悄悄，早已表明对万科管理层的支持。

许家印与华润集团呢？

一家是民营企业，一家是大型央企，谁也不是对方的菜。

当前的现实状况是，对于已然入场的各方来说，万科这个盘子，是名利场、开好的“赌局”。各方已围桌而坐，准备八仙过海，各显神通，打出一手好牌，在“赌局”中胜出。

许家印进入万科，有足够的动力：中国恒大要做地产界的 No. 1。

恰恰，这是许家印所喜欢的路数。

许家印是一个“路子特别野”的商人，他坚韧，深谙营商之道，充满冒险精神，哪怕孤注一掷，也绝对不会犹豫。

他带领恒大走过的路、蹚过的河，对此是最好的诠释。

2007 年底，全球金融危机已经酝酿，随时可能爆发。此时，中国恒大正筹划在香港上市。这对许家印来说，不是好的时机，可以用很坏来形容。

拥有 190 多年历史的投行雷曼兄弟倒闭，引发流动性危机，全球资本市场遭遇百年一遇重创。

英国北岩银行，当年上半年新增抵押贷款在英国排名第一，年初股价为 12 英镑，到 11 月时已暴跌至 1.6 英镑。它的拥有者，开始四处给它找接盘者。

这是黑暗时刻，没人知道这一波危机的底在哪里。

对于许家印来说，这是更黑暗时刻。筹划了几年的上市计划，因资本市场大环境的变化，随时面对推迟的窘境。深受影响的香港资本市场，何时能重新打开上市窗口，完全未知。这种未知，弥漫着浓浓的悲观氛围。

雪上加霜的是，恒大的资金链紧绷，稍有差迟，将可能因资金链断裂而崩塌。这家公司的负债率在中国房地产行业中名列前茅，遥遥领先。

压死雷曼兄弟的最后一根稻草，是流动性匮乏，资金链断裂。把这个故事放到恒大身上，如果挺不过这场危机，恒大将分崩离析。

许家印不得不终止了 2008 年初的上市计划。

接下来，他用尽浑身解数，四处“化缘”。

重启上市前，有很长一段时间，许家印都待在香港，寻求香港富豪的支持。传说是，当时他几乎每周要和香港富豪郑裕彤吃一两次饭，把香港当作了办公场所。

2008年6月9日，郑裕彤终于出手。他掏出1.5亿美元认购恒大股份。

郑裕彤出手的正面效应是，恒大重启公开招股后，香港富豪纷纷出手。

华人首富李嘉诚通过长江实业投资了逾1亿美元。英皇集团主席杨受成以私人名义认购逾亿元。中渝置地主席张松桥、澳门赛马会董事总经理李志强则通过国际配售认购恒大股份。

原本已是恒大股东的郑裕彤更是加码投资5000万美元，这直接使得恒大上市时，他合计持有的恒大股份达4.77%。

出席恒大上市路演投资推介会时，郑裕彤还与长实集团执行董事叶德铨一起到来，并表态说看好恒大发展。

每一个光环后面，都有煎熬、磨折与不足为外人道的艰难。

为了成功重启上市，许家印付出巨大代价：股票定价大幅折让。

2009年11月5日，恒大在香港挂牌，筹资额仅为32亿港元，相较于之前的计划，大幅缩水。

许家印很无奈。

他被投资银行推着向前。

从2006年开始，为了帮助恒大上市，投行们已向这家公司投入了大量的资金与精力。两年后的初次上市计划功败垂成后，他们已经迫不及待地想从恒大的投资中退出。

除了便宜卖出股票，许家印已没有其他选择。即使如此，还是在他与各方对赌的情况下，才得以实现：赌在资金链断裂前找到新的资金，赌上市窗口，与投行签订对赌协议，赌房地产市场的繁盛……

幸运的是，这个酷爱冒险的霸道总裁，每次在重大危机到来前的最后关口都能成功翻牌，化险为夷。

重启上市前，许家印与投行、香港富豪们签订了对赌协议——上市一年后，美银美林、德意志银行和淡马锡出售恒大股份时，市值低于上市价，许家印将向他们回补18%的回报。

以恒大上市发售价计算，许家印为此需要准备超过16亿港元。一个对比数据是，恒大上市时，发行股份的集资额，仅为 32 亿港元。

提及那些无奈的日子时，许家印曾说，恒大原拟集资过百亿元，后来招股价“太便宜，卖得很心痛”，最终选择卖少一点。

他并不忌讳地说起招股价低仍然要招股的原因：上市是一种战略部署，多位创投股东同意降低目标回报率，协助恒大尽早上市。

有人认为，许家印被坑了。

一位曾在一家瑞士籍投行中国区投行部工作的高管，曾在一个饭局上提起，许家印第一次上市失败，原因出在了承销商身上：他找错了承销商，承销商在寻找基石投资者、优先股与普通股的转换等方面出现纰漏。

他当时甚至表示，可以带话给许家印，他们肯定比许家印找的那家做得更好。他当时担心，因推迟上市、资金链紧张，在那样的市场环境下，恒大可能难以渡过难关。

对于许家印来说，那时发生的一切，也许都是天数、运数、命数和未知数。

这位瑞士籍原中国区投行部人士说的被承销商坑了，指的是承销恒大的投行处理债转股事宜时的拖延，耽误了恒大第一次上市的时机，并最终导致了 2008 年暂停 IPO 计划，让恒大陷入被债主瓜分的险境中。

根据香港上市规则，若要在主板上市，则准备上市的公司前半年发行（引入投资者）筹资的股份价格不能低于上市时发行的股份的价格。

恒大第一次计划的上市时间为 2008 年 3 月，倒推半年，意味着 2007 年 9 月后引入投资者发行的股份价格，应该不能低于计划上市时的价格。

这对恒大来说，成了一个难题。

为了上市，许家印在 2006 年与 2007 年分别向投行借钱，以扩大恒大的规模，而投行借钱给许家印的条件，是这些债务可以转换为优先股。

优先股对恒大在香港上市是个障碍。

港交所主板上市规则规定，在香港主板上市，不得同时存在优先股和普通股两种不同权益的股票。这意味着恒大要在香港主板上市，需要把投行持有的优先股转换为普通股。

可是，把优先股转换为普通股，根据香港会计准则的规定，转换过程中的差价将产生现金支出，这又会影响恒大的业绩表现。

投行想出了一个间接周旋的解决办法：恒大先买回这些优先股，然后把优先股注销；买优先股的钱是一笔债务，由许家印旗下的一家公司承担；这家公司再向恒大注资，恒大发行普通股股份买下这笔债务，并把这些普通股支付给借钱给许家印的投资银行。

于是，优先股转换成了普通股，恒大还不用承担转换带来的财务费用。

问题在于，把优先股转换为普通股的时点已然来到 2007 年 11 月，也就是说，4 个月后，恒大上市的股价不能低于现在发行股份的价格，这显然限制了恒大的上市招股价。

发行股份的资本市场窗口在 2008 年初已然关闭，尽管许家印坚持招股吸引投资人，但香港市场响应者寥寥，没人出手买入，恒大的第一次上市计划流产，被迫暂停。

暂停的结果是，等着上市的恒大陷入了资金链断裂的边缘。

基金经理们认为，在当时的市况下，许家印坚持让恒大招股的举动，本身就说明许家印的恒大相当缺钱。

更严峻的问题在于，金融危机的影响使得恒大 2008 年业绩严重下滑。另外的问题是，恒大因囤地而使用的结构性贷款出现违约。这还没完，为了上市，恒大向海外借的钱也因上市计划暂停无法还款而违约。

恒大四面悲歌，眼看着分分钟被债主瓜分。

好在债主们想要的，是从恒大的上市中分到一杯羹，并不想把这家公司瓜分。

于是，许家印摇身一变，反而债多不愁。

一个著名的段子是，在那个交叉违约、四面楚歌的时期，投资银行家们去找许家印商量该怎么办时，许家印淡定地回复：只有 10 分钟时间，约了人打高尔夫。

恒大一次又一次地这样度过了它生命周期中出现的危机。

许家印在这一次一次的冒险中走了出来，尽管这家公司的负债率从来都不以“低”“稳健”而闻名。

近年来，恒大走上过多元化的道路，开启了新一轮的负债扩张之路。

2014 年 8 月 28 日，恒大宣布投资 1000 亿元，做一家产业化、规模化的大型现代农业集团。

彼时，恒大集团总资产 4200 亿元，相当于将总资产 1/4 都投入这个大型农业集团中。接着恒大提出了文化旅游、体育产业等多元化发展。

主营业务为房地产的恒大，钱该怎么安排，这一主营业务的资本投入该如何安排？截至 2014 年上半年，它的负债率已经上升到上市后 89.5% 的历史新高。

多元化发展或许能应对地产业务的单一化与高风险，但无论粮油、乳业或畜牧业，还是饮用水产业，都是一个竞争相当激烈且资金投入相对较密集的行业，除了提高负债，恒大其实并没有太多的钱来分布与安排。

从二级市场买入万科 A 股份后不久，恒大的总资产接近万亿元，业务开始向旅游地产布局以及接下来大出风头的金融与保险领域，不过，它的负债率还是高企，约为 82% 。

现在的问题是，恒大入局了，参与者更多了，就像高潮迭起的好莱坞电影，厮杀与谍战让人目不暇接。

万科的管理层则陷入更深的被动。从王石刚硬的性格来看，必然顽强抵抗。剧情更加血腥离奇。

夜幕降临，一场保监会的风波席卷

2016 年 8 月 19 日这个周五的晚上，社交媒体朋友圈里疯狂转发了一条“保监会项俊波要求许家印买下万科 51% 股份，接盘宝能安邦”的消息，点燃了南方城市燥热的周末。

这则消息让宝能集团十分震惊，他们第一判断这是谣言。

就在许家印买入万科 A 股份时，市场分析恒大目标远大，试图最终控股万科，做中国最大的房地产公司。姚振华却并未展现出对万科的最终图谋。

就在恒大买入万科 A 时，姚振华也正在悄悄入货。据媒体报道，同时入货的，还有恒大上市时的投资者新世界集团郑裕彤家族、中渝置业董事会主席张松桥，他们从香港市场买入了万科 H 股。

这些新入局的香港富豪，是来炒股的。作为许家印最艰难时的盟友，看着许家印入局，他们没有理由不一起玩。

更何况，在深圳做生意的潮汕生意人，空前团结。郑裕彤家族、张松桥家族与姚振华都是潮汕人。香港毗邻深圳，有个风吹草动，很快可以调配资源进行接应。

许家印年初与姚振华的谈判虽然无疾而终，但到当下入局，已经过去了大半年时间，从资金筹集与调度角度讲，这么长时间已相当充裕。

许家印的入局，显然触动了万科管理层的利益。与姚振华一样，对于万科管理层来说，恒大也是门口虎视眈眈的“狼”，等着分食万科这只肥硕的猎物。

这不禁让人想起，有个未经证实的段子提及，王石可能在某个时刻会想起，恒大 2008 年上市失败后面临资金链断裂局面时，曾登门向他求助。那一次，王石没有向许家印提供帮助。

恒大与万科管理层的正面冲突已在所难免。

这一次，火从保监会的头上点起。

周五晚那条消息言之凿凿地提及，保监会主席项俊波亲自出马，会同保监会广东监管局找到许家印，要求恒大不计成本地买入万科股票。最终目标，是让恒大买下 51% 的万科股票，从而控制万科。

这条消息给出的原因也颇为有趣：对保监会而言，无法承受宝能爆仓的风险，在宝能已经公开的九个资管计划中，两个曾接近爆仓，不得不缴纳了数量不菲的保证金。在监管部门看来，这不只是一个企业的倒掉，意味着数以千万计保户的索赔，整个保险行业或将面临挤兑风险，所以保监会不得不出手。

这条消息里关于保监会、恒大、万科、宝能以及索赔、挤兑风险等关键词，都如此触动吃瓜群众、市场、监管机构与政府部门的神经。

这条消息被翻天覆地病毒式传播时，保监会已下班休息，第二天是周末。

消息发布的时点选择，是在人们回家休息又有闲暇、精神放松的周末前夕。

不少人开始相信消息是真的。

一位专业从事房地产行业的记者转发了这条消息到朋友圈，并评价，原来真相在这里。

消息引起了巨大的关注与争议。

第一个提供这则消息的发布平台处于风口浪尖。

“如果是谣言，恒大与保监会此时应该辟谣了。”这是大多数人的第一反应。“你怎么知道这不是真的呢，多半是真的，你看，这逻辑是合理的。”一些人在微信群里如此讨论。

恒大与保监会处于风口浪尖。

曾在中国传统金融机构中国农业银行董事长职位上工作过、后赴任保监会主席的项俊波则更是莫名奇妙被卷入了风暴眼中。

从中国传统金融机构谨慎的行事风格来看，项俊波在这则消息面前是坐不住的，就像华润集团被传与宝能集团是一致行动人时，傅育宁所处的局面与位置一样。

第二天下午，保监会迅速辟谣，速度远超以往对热点事件的反应。

保监会严肃地表示：“报道内容纯属谣言，中国保监会对这种不负责任的行为表示强烈谴责，正在联系并要求有关单位做出道歉声明，并保留追究有关单位和人员法律责任的权利。”

接下来，发表于门户自媒体平台的报道链接被删除。

恒大也进行了辟谣。

措词几乎以保监会声明为蓝本。

另一边，门户平台内部因这篇文章的把关问题，正在经历一场悄无声息的风波，几人欢喜几人忧。

这则消息让项俊波十分尴尬，尽管他尽量让保监会在“宝万之争”中表现出中立与规则先行的准则。

一天前，2016 中国保险业发展年会上，项俊波刚刚对险资的投资与保险公司发展模式发表了看法。

他说，绝不让不想真心做保险、只想浑水摸鱼的人有可乘之机。部分保险公司偏离了保险轨道，企图把保险公司当成单一股东融资平台，与中小股东和广大消费者对立。

这对于无论是安邦，还是宝能集团的前海人寿，都是一种敲打。

这是保险业监管机构的态度。

项俊波发声：

“当前保险业发展仍然处于初级阶段，一些问题没有得到根本解决，粗放发展在一定程度存在，一些公司不理性地扩张和竞争，一些公司采取了激进的投资行为，但这是极少数的公司，不能借此否定保险业取得的成绩，保监会既旗帜鲜明反对妖魔化保险业的言论，也绝不会护短，进一步提高现代化监管水平。”项俊波以此表达了市场上关于险资运用非议的态度。

这与姚振华的前海人寿频频举牌、市场关注度过高有关。尤其是万科事件的戏剧性、复杂性与影响力，更是让保监会如坐针毡。

这已不是保监会第一次如此严厉。尽管他们已十分警惕与小心，但像证监会、银监会与深圳银监局一样，近一年来，在“宝万之争”的刀光剑影中，他们频频被连带着误伤。

项俊波在“十三五”保险业发展与监管专题培训班上还表示，决不能让保险公司成为大股东的融资平台和“提款机”。保监会甚至还在近期用规章制度的形式约束保险公司，比如，举牌上市公司信息披露制度、有针对性地对资金来源以及股东之间的关联关系加强管理。

周五晚流传出来的文章影响可见一斑：从上市公司的舆论战角度来看，许家印最容易被攻击的部位，莫过于恒大高企的负债率。姚振华最容易被攻击的部位，是险资的运用和“借钱炒股”。而这一招，许家印与姚振华，都牵涉其中，一石二鸟。

从许家印的恒大举牌万科 A，到保监会要求恒大做万科大股东的传言，恒大在乱仗炮火中被连续轰击。

姚振华也感觉到了炮火绵延之势，兵荒马乱。

在保监会风波约一周时间前后，姚振华的宝能集团正在为一篇《宝能到底是不是万科的大股东》的文章的论断抱不平，感到愤怒。

“这篇文章一大堆绕口令，结论就是买的东西不是自己的东西。推而广之，银行才是中国的几乎所有公司的大股东，债权人才有股权表决权，这都是什么逻辑!”

这是宝能集团在讨论“如何迎着炮火站起来”。

他们推论，这篇文章应该是万科董事会（宝能当时在董事会还没有席位）安排的。

“按理说这样毫无逻辑、对于整个现行法律体系的胡搅蛮缠是不应该出现的。万科管理层的这个主意，无非想将宝能投票权炒作成一个大家关注的问题，当宝能股权投票权是一个舆论争论的焦点了，就会引发司法或行政的乱来。”他的语气中透露着担忧与不愤。

这人接着说，“这跟人们的所谓‘不做资本的奴隶’口号如出一辙!”

赞同者抛出了具体的方案：不能跟随对方节奏。

有人则这么发言：王石在发动一场资本市场的“左倾主义”。

宝能集团的人士对这篇文章做了如此评价：已经到了无耻的地步！否认资本的属性。如果以这个逻辑，买房的人按揭房产，都不能决定用途。“写这篇文章的人不知怎样对待自己按揭贷款的房子。问题是，这种谬论竟然还有市场!”

这是一场专业团队间的较量。

无论万科，还是围坐桌前的各方，都在专业团队的运用上不惜重金，力求为自己赢得更好的获胜空间。幕后团队的阵容空前强大。

“宝万之争”拉锯战中，万科管理层邀请的团队成员中，据称有此前对“君万之争”十分了解并间接参与过“君万之争”的人士。而宝能的团队，已然让人们见识了他们的专业能力。

从此次关于资本市场规则方面的较量来看，万科已处于明显的弱势。

大战当前，各为其主，即使惺惺相惜，在“战场”上也得兵戎相见，各出奇招，互抵对方死穴。

接近“宝万之争”的人士透露，宝能集团会记录各种要点，比如万科管理层透露出集体离开的可能性。

8 月 22 日，万科在香港举行了中期业绩发布会。王石与郁亮并未在发布会上亮相。这在万科的业绩发布会传统上，比较罕见：王石过去曾经有过多次不出席万科股东大会的情况，但郁亮不出席业绩会，十分稀有。

媒体们注意到了这点。

万科给出的官方回复是郁亮忙于处理股权事件。

时任万科执行副总裁孙嘉在业绩会上透露出管理层可能离开的想法。

这位被王石力邀加盟万科，其后快速成长起来的职业经理人，在发布会上被问到如果有一天王石被迫出局后他的去留的问题。

孙嘉是这样表态的。

他说，管理层的去留不是由管理层自己决定的。过去一段时间以来，公司确实面临了非常大的非经营性困难，但管理层还是把更多的精力放在如何保护万科客户、股东和员工的根本利益上，而不是只关心自己的去留。

他补充说，如果未来有一天，真的发生了管理层自己很难克服的困难，那么相信大家会理解我们所做出的选择。他对于“宝万之争”的两个结局的预期是，无论大股东是谁，保持万科无实际控制人的现代治理结构，公司长期发展和业主等均可实现多赢，这是包括他在内的许多人不放弃努力的原因。另一个结果是，管理团队出走，卖股变现再创业，这对他们更可能是幸事。

这于这番言论，姚振华感受到了重重的道德压力——资本正在逼走万科优秀的管理层。

不过，市场流传出了一份“重磅”文件。

这份文件详细地列出了诸如上海万丰资产管理有限公司、深圳市万科企业股资产管理中心、深圳市盈安财务顾问企业（有限合伙）、深圳市梅沙资产投资中心（有限合伙）、梅沙资本（深圳）有限公司等12家公司的资料。

内容涉及成立时间、住所、法定代表人、注册资本、经营范围、董事、监事、高管、各级出资人、出资比例等信息。

在这份文件中，董事名单里有朱晓兵、丁福源、张酹、郭艳杰、杨彦、马星、周卫军等人的名字。

他们中的一些，曾是万科的高管。比如，丁福源是万科原监事会主席，周卫军曾担任过万科执行副总裁。

这些名单中的一些人，在上述12家公司还出现了兼任的情况，比如，丁福源是上海万丰资产管理有限公司（以下简称“上海万丰”）、深圳市万科企业股资产管理中心、深圳市盈安财务顾问企业（有限合伙）的法定代表人，还在上述其他公司中担任职务。

这被认为是万科体系外的一个“万丰系”。

万科董秘对万科与“万丰系”的关系进行过解释。

他说，上海万丰与深圳市万科企业股资产管理中心相互100%持股。万科不享有企业股中心、万丰的决策权、分红权等权利。

公开资料显示，万科企业股资产管理中心的钱，来源于28年前万科股改时形成的企业股和它的衍生资产。

另一家公司上海万丰，与万科合伙人计划下的两个资管计划有丝环相扣的关联。

这些资产管理计划，持有万科约7.8%的股权。

时任万科独立董事华生披露的数据是，这些资管计划持有的万科股权，已略高于10%。

如果以万科2700亿元市值计算，这部分股份的市值接近270亿元。

除了涉及上述股权计划，上海万丰还涉猎地产和其他投资领域。

2015年，上海万丰与世联行等地产公司，发起成立“中城新产业控股（深圳）有限公司”，万丰出资2000万元，占股12.5%。

在“中城系”的多个私募公司与资产管理公司中，出现了上海万丰、万科企业股中心、万科工会的名字。

“万丰系”有一个重要的私募投资机构——上海万丰友方投资管理有限公司。

公开资料显示，它的前身是成立于1993年的深圳市万科财务顾问有限公司，作用是为万科职员提供投资理财服务。其后，经过一系列的工商变更与股权设计，已完全脱离万科，成为“万丰系”的重要金融分支。

市场的质疑是：这是“万丰系”架空万科的表现。

这一举动对于当了15年大股东的华润集团来说，有点像个笑话：万科的管理层与市值270亿元的万科股份之间到底是什么样的归属关系。

作为大股东，华润集团此前对万科的持股量也仅仅超过15%，而这或明或暗关系间的股权居然超过10%！

可以追述的线索，是被公开的疑似王石2011年1月5日发表的一封公开信。

公开信中，王石提到“万丰”这家公司。

28 年前股改后，万科形成了一部分企业股未分配。这笔资金在上市初期时，曾帮助万科度过了经营上的困难。

万科运营良好后，这部分钱进行返还，形成两笔资产：一笔以万科工会委员会名义持有万科股权；另一笔由万科工会委员会旗下的上海万丰资产管理有限公司管理。

两笔资金在 2010 年底的账面价值不足 10 亿元。

王石与万科管理层的安排，是把这两笔资产通过成立一家社会化公司，进行运营和管理，以实现资产的继续增值，而这些钱的唯一用途是社会公益事业，包括万科员工的困难救助。

从这封公开信来看，上海万丰其实是运作股改时万科这家公司在特定历史条件下获分配的企业股。

不过，万科合伙人计划，与上海万丰运作的遗留的企业股用于公益的资金之间，到底存在什么样的关系，还没有足够多的线索来表明这点。

在回复深交所的问询中，万科否认了两个系列资管计划存在一致行动人关系。

还是没有答案。

不过，先放下两笔资金与万科合伙人计划的关系不谈。

从资金的运作与投资角度讲，最令万科管理层或者王石后悔的，莫过于在那个股市连续暴跌的 2015 年年中，他们宣布了 100 亿元股权回购计划，手握着资金却未兑现承诺，才让他们面对了今天的局面。

如今，望着门口涌入的无法堵住的资本，万科管理层与王石会否黯然神伤？

他们的“对手”姚振华与许家印，却正在新时代中挥舞着手里的工具与资源，在资本市场中展现资本的力量。

会炒股的姚氏两兄弟与许家印先生

许家印的恒大系最近一直在炒股。

2016 年第三季度，恒大买入了 6 家公司的股票，其中 4 家进入准举牌（接近 5% 持股量）的状态，许家印已成为新晋股神。

年初因付款方式等未与姚振华达成协议的许家印，正通过恒大旗下的恒大人寿为支点，撬起更多可能性。

这是一家 2015 年底才正式亮相的寿险公司，恒大人寿的账户 2016 年第一季度在 A 股市场出现。

细究恒大系 2016 年来的投资行为，除了几个主要以恒大集团集中持股的重头房地产外，恒大人寿持股的很多都是高市盈率、股权分散、主业并不突出、转型重组预期强。

恒大的入主带来想象力与重组预期，很容易在市场上引发炒作。比如，通过举牌引发市场关注的万科，股价暴涨。

不过，如果以万科 A 的收购策略为蓝本，姚振华对金融杠杆的运用，才叫炉火纯青。

在特殊的时间节点下，姚振华把握好了一切可以利用的机会，迅速突击，目标明确，不理世事，只管朝着既定的目标挺进，在资本市场的杠杆收购中，堪称一绝。

随着政策的调整，时机的变迁，有的资本运作方式在当下看来甚至是孤本，再难重现。

如果正如媒体报道的那样，王石在冯仑的撮合下，第一次与姚振华面对面。那时，姚振华心里一定是坚定而充满信心的，尽管王石称他为卖菜的。

坐在他对面的“对手”王石，彼时可能是不安的。

姚振华在当时已成为万科的第一大股东，即使王石使出浑身解数，要将姚振华推出门去，也是一件极费周章的事情。有时势已当前，能否扭转，不得而知，却已非易事。

2014 年，姚振华派出从资本市场“征讨”万科 A 的先遣部队前海人寿，正式发动攻势。

不过，庞大的对手们还十分迟钝，就像每个在安乐稳定与正轨中忽略忧患的国家、组织与个人一样，万科的管理层还沉浸在感觉良好的“太平盛世、歌舞升平”中。

这一年，前海人寿通过举牌或定向增发的方式，已经围猎了华侨城、中矩高新、韶能股份、南宁百货、合肥百货、南玻A等7家公司，乘着险资投资于资本市场的东风，前海人寿一发不可收，正把政策环境下可用于股市投资的相应比例资金用到极致。

在第一次佯攻万科A时，前海人寿也许并没有确定是否能一举拿下万科A。

这家公司出手时，成立才仅两年，资金实力薄弱，2014年底总资产刚过560亿元，而万科的市值逾2000亿元，总资产5084亿元。

姚振华的操盘手决定小试牛刀。

2015年1月，前海人寿以不到14元的成交价买入万科，随后又卖出。

从操作路径来看，2014年他们已有所买入，此时的操作策略是做了波段，低买高卖，和普通小散户的操作相差不大。

一个月后，前海人寿又这么操作了一次。

算上1月的卖出量，前海人寿两个月内有超过42万股万科A的净卖出。

2015年3月与4月，前海人寿再操作了一次低买高卖。

不过，没人注意到前海人寿的举动：资金量不太大的出出进进，在资本市场实属常事。

前海人寿真正的偷袭是从2015年股灾前后开始的，也就是万科管理层宣布以百亿元回购计划的前后。

对于姚振华来说，既然管理层宣布以百亿元回购，意味着管理层对万科经营业绩的承诺和对未来发展前景的乐观态度。

他在当时吃进万科A股份，是一个相对安全的操作策略。

2015年7月10日，前海人寿持有万科A的股份首次触达举牌线5%。

也就是说，姚振华需要对外公布，他对于万科A的持股量已经达到了这个水平。

从那时开始，到一年后，前海人寿共动用了超过104亿元的资金买入万科A。资金来源为万能险账户保费79.6亿元、传统保费24.62亿元。

得以动用这么多的资金，与当时中国股本市场的特殊时刻相关。

一场因去杠杆而引发的股灾，正让全中国股民陷入一种空前的悲观与崩溃情绪中。即使中央政府组织证金入场救市，在一开始时，收效亦甚微。

毕竟，恐慌情绪蔓延，小散户心理上已经不起任何连续的下跌。

保监会的一纸文件，放宽了险资入市的比例。

姚振华的前海人寿，在2015年上半年经历了突飞猛进的发展，已经实现保费规模超过330亿元，接近2014年全年。

这相当于给前海人寿投资股市释放了更多资金，给姚振华增加了更多子弹。

不要小瞧这些放宽了的资金的力量。

姚振华要开始动用金融工具，把这些资金加码，以这些资金为支点，搅动资本江湖的大潮。

接下来，姚振华调动了主力部队钜盛华，并拉上21家金融机构共同加入战局，围猎万科。

2015年7月24日，钜盛华买入4.5亿股万科A。

连同前海人寿持有的股份，姚振华持有的万科A已达到10%，第二次举牌万科。

这等于向市场昭告，姚振华的部队已成为万科A的第二大股东。

钜盛华买入万科A的资金，已开始加杠杆。

公开资料显示，在4.5亿股股份中，约2800万股是以钜盛华通过自有证券账户买入的。

接下来，钜盛华将这些股份抵押，向银河证券与华泰证券配资，分别买入2.97亿股与1.24亿股万科A。

在这次加杠杆的过程中，钜盛华运用了券商收益互换的工具，钜盛华是这部分股份收益的实际拥有者。

尽管媒体已经炒翻了姚振华的高调举牌，但万科管理层与华润集团还是没太把他放在眼里：姚振华就是来做投资，赚点钱就退出了。

可是姚振华心里的算盘没人知道。

姚振华并没有这么想，他有更远大的目标，在下一盘更有谋略的棋。

一个月后，钜盛华不仅用上了券商收益互换的工具，还引入了融资融券的工具，再次加杠杆，买入万科A。

钜盛华以约 39 亿元的资金，以 1∶2 的杠杆，融资 78 亿元，全部砸向万科 A。

这 78 亿元资金，把中信、国信、银河、华泰等券商拉入局中。

作为卖镐者的券商们，好不容易迎来了等待 7 年的牛市、大丰收可期的一年，有这样的生意，没谁不争抢，这是姚振华面对的资本市场的“天时”。

不过，券商们与钜盛华签订的合作合约期为一年。这对于姚振华来说是不安全的，万一一年后，股市大跌，那么他将被迫卖出股票平仓，或者补交保证金，如果能把期限延长，则在资本市场中的操作可以游刃有余，更加灵活。

姚振华开始找钱，替换通过收益互换工具投入万科 A 的钱。

此时，收益互换的形式，在监管层面也正在被禁止，这也是姚振华不得不紧急寻找新的资金进行替换的原因之一。

媒体报道，2015 年 10 月，姚振华找到了理财资金。

从当月 19 日开始的一个月内，钜盛华与鹏华资管达成了合作。

这个资管计划，向位于深圳的建行抵押了钜盛华持有的万科 A 股份，把约 78 亿元的券商收益互换资金，替换成了理财资金。

在这里需要提一句的是，姚振华对金融工具的运用，开始从券商扩展到了行事更加谨慎的银行。

接下来，姚振华玩得更大了。

媒体事后复盘，一个月后，钜盛华又融资了超过 130 亿元。

这次则是通过增资、股东借款、收购前海人寿老股东股权的形式获得。

操作方式是，宝能与华福证券及浙商宝能资本合作，成立有限合伙基金。其中，宝能的 67 亿元资金为劣后（亏损最先，赔偿最后），从浙商银行以差不多两倍杠杆融资。

可是，无论资本市场的参与方、万科管理层，还是华润集团，都没有注意到，姚振华居然如此脑洞大开，迅速打开金融工具，将人未敢想的计划，快速落实到位，把 200 亿元资金握在手中，决定狠狠地买入万科 A。

趁大多数人都还没注意到这个大胆的潮汕人的意图时，姚振华干脆一不做，二不休，继续融资。他要在市场一战成名，200 亿元算什么，姚振华要用更多钱，把万科收入囊中。他已经玩得停不下来。

对于姚振华来说，他此时的状态，无异于给他一个支点，他可以用杠杆撬动地球！

姚振华一个猛子扎到了水底。

2015 年 11 月底至 12 月初，钜盛华从那个 10 月份成立的合伙基金中，拿出了 70 多亿元，作为劣后资金（亏损最先，赔偿最后），通过 1∶2 的杠杆，拉上广发、平安、民生以及浦发等银行，通过成立 9 个资管计划，融资 155 亿元。

加上钜盛华的劣后 70 多亿元，一共 230 多亿元资金。逾 200 亿元继续从股市上吃进万科 A，持股量达 9.95%。

万科 A 的股价在此时跟着扶摇直上，姚振华之前买入的万科 A 开始浮盈。

这次融资计划中余下的 30 亿元资金，则被放入了宝能的其他资管计划中，试图以此为劣后，撬动更多的资金。

但是，这些操作十分隐秘。

无论资本市场、基金经理、机构，还是万科管理层、华润集团和监管机构，都不知道姚振华下了如此大的一盘棋，计划如此周详，就像驾驶着一辆代步车，加足马力，到了一个路口，换车，再加速，不断超车，已然悄悄地驶入了万科 A 的门口，站在了王石、郁亮和华润集团的面前，让后者们措手不及、目瞪口呆。

截至此时，姚振华已经成功地调动了包括险资、券商、银行在内的金融机构，运用了包括融资融券、收益互换、股票质押、基金、资管计划、理财资金等金融工具，涉及的金融机构多达 21 家，种类涵盖银行、券商、基金与基金子公司。

姚振华更是把前海人寿这块牌照的价值运用到了极致，通过前海人寿的万能险这一低成本融资工具和钜盛华平台，撬动了数百亿元资金，成功拿下了在资本市场名声赫赫、一有风吹草动就影响大盘的万科 A 的大股东位置，持有万科 A 的股份超过 25%，超过华润集团对万科的持股量。

如今，姚振华在万科 A 的股权收购中一战成名，已让姚振华在金融圈的地位与日俱增，甚至可以与万科在地产业的地位媲美。

然而，这不是像鲨鱼一样的姚振华的第一次资本运作。20 年前，在深圳建立自己的“商业王国”时，姚振华已经初探成功。

姚振华的公司宝能集团，前身是深圳市新保康实业发展有限公司。再往前追述，后者的前身是 1997 年成立的深圳市新保康蔬菜实业有限公司，这也是王石提到的“卖菜的”这个词的来源。

6 年后，宝能以超过 4000 万元的价格，拿到了深业物流 25% 的股权，后者是一家深圳公司。

2006 年，姚振华将深业物流进行拆分，获得了深业物流集团的资产和业务，比如，深业物流品牌使用权以及无法确定所有权的土地、房屋资产，这帮助宝能集团得以完成初始的资本积累。

王石在 2015 年 12 月发表的内部讲话中甚至提到，“通过一进、一拆、一分，分拆的结果是他们拿到深业物流品牌的使用权，这就是他们的发家史”。

这说明，王石其实对他的对手姚振华的背景，已经有了充分的调查与了解。

不过，姚振华的野心显然更大，他与胞弟姚建辉，正在香港建立一个金控平台。

公开资料显示，在香港，有一家名为世达科技的上市公司，截至 2016 年 8 月 3 日，姚振华的弟弟姚建辉通过天马发展有限公司持有这家公司超过 50% 的股份，姚振华的前海人寿则持有这家公司超过 19% 的股份。

世达科技后来更名为中国金洋。

姚氏兄弟控股中国金洋后，正在把它推向金控集团的方向。这家公司亦在中国内地金融业寻找新的商机，并寻找合适的目标，准备收购或注资一家内地金融机构，计划将约 10 亿港元资金用于保险或资产管理行业投资。

与中国金洋有关联的，有一家太平资产管理（香港）有限公司，它出现在中国金洋的股东名录里，这家公司受前海人寿的委托，对前海人寿的保险资金进行投资。

相较于内地的平台，香港可以成为境外投资的汇聚平台与中心。看起来，姚氏兄弟的金控帝国的雄图伟略正在逐步搭建。

事实上，姚振华的不少投资都由弟弟姚建辉出面。

姚建辉在公司运作方面很有经验。从2006年起，他一直是宝能控股（中国）有限公司的董事长，对上交所上市公司宝诚投资的成功运作，让了解这家公司的人对姚建辉印象深刻。

在“宝万之争”之前，姚建辉的名字其实比姚振华更知名一些。比如，姚建辉在深圳深业物流公司担任过总经理和董事长，也曾经是宝能投资集团的执行副总裁，早在1995年，就已经是深圳钜华投资公司的总经理。

一位在深圳金融机构的潮汕人提起一个无法核实的说法：几年前，姚建辉曾帮着姚振华出面找他的朋友融资，而融资的事情，是姚建辉出面。

值得一提的是，姚建辉通过中国金洋，持有浙商银行超过6%的股份，而前海人寿还持有中国银河证券的股份。这些都是姚氏兄弟通过股权与金融机构产生的关联，在金融工具的运用与融资中，正面效应正在显现。

当然，活跃在中国资本市场的，除了姚振华的宝能、许家印的恒大，还有更早进入万科的安邦。

这家公司对万科的“兴趣”并没有许家印和姚振华大。

当然，这并不是兴趣决定的。安邦可能更忌讳万科的大股东华润集团，筹划得并没有姚振华那般周全，但它决不会放弃在万科这个赌局中的利益。据称在万科复牌后，安邦也在暗中增持，不过这些信息无从证实。

姚振华的团队，早已把安邦看作万科管理层的拥趸者。

不过，从对万科A的买入来看，安邦正在尽量保持中立，把更多的钱投入其他产业中。

比如，2016年初，安邦看上了喜达屋，与万豪就喜达屋的收购争得“面红耳赤”。不久前，这家公司曾传出还看上了总部在英国的洲际酒店。

安邦在资本市场的频频出手比姚振华早，成名也更早。

早在2004年，安邦财险开始从事保险相关业务，2009年保费突破200亿元。2010年，安邦人寿保险股份有限公司正式成立，开始了第一次收购，买下瑞福德健康保险股份有限公司——经保监会批准开业的第一代全国性、商业化专业健康保险公司。

2012年后，经过重组，安邦保险集团股份有限公司成立，形成拥有产险、寿险、健康险等全牌照综合性经营的保险集团。随着规模保费增长和业务拓展，安邦开始把目光投向海外，寻找更多投资机会。

2014年，安邦保险集团斥资19.5亿美元，从希尔顿全球酒店集团控股公司手中，买下位于纽约曼哈顿公园大道的华尔道夫酒店。

相隔一周，安邦收购比利时FIDEA保险公司，这是中国保险企业首次100%股权收购欧洲保险公司，此外还全资收购德尔塔·劳埃德银行。

那时，安邦已经买得停不下来。

一年后，安邦保险集团全资收购荷兰VIVAT保险公司。随后，收购韩国东洋人寿并保持东洋人寿上市地位。此外，还收购美国信保人寿保险公司，逐步发展成为综合性跨国金融服务集团。

在“宝万之争”愈演愈烈的时候，安邦还在继续买买买，只不过，它的子弹没有射向万科。

在2016年3月，安邦牵头财团以140亿美元收购喜达屋酒店及度假村，与万豪国际经过长达3周的竞购大战后突然退出。

到了4月，安邦保险集团又宣布收购安联集团旗下的韩国安联人寿和安联资管。

这是发生在中国资本市场上的新变化：保险巨头的资金已成为A股市场的重要投资来源。在万科的股权结构中，宝能系有前海人寿，恒大系有恒大人寿，安邦本身就是保险集团，并且险企之间互相竞逐，纷纷注资、举牌上市公司。

2014年，安邦大举买入万科股份，占到总股本的2.13%。2015年底，安邦增持万科股份，达到举牌红线，几乎与宝能系同时成为万科股东。

有趣的是，安邦并未上市，但曾持有多家上市公司的股票。

比如，公开资料提到的金地集团、民生银行、大商股份、欧亚集团、金融街、金风科技、同仁堂、万科A、保利地产等15只A股，在投资上偏向银行、房地产等项目。

按照安邦一贯的激进黑马风格，无论是出击投资二级市场，还是海外资本收购，都不是低调沉默不吭声，也不只是简简单单投机，而是有着更长远发展的考量。

在“宝万之争”中，安邦可能会成为最值得各方拉拢的角色。

但显然安邦不希望这场股权之争最终变成一场“零和游戏”。增持万科，除了有对资产体量、行业地位等考量外，安邦更看好房地产业未来与保险业在养老地产、健康社区、商业地产金融等方面的巨大合作空间。

这一次，在万科这个大蓝筹股中，各方已聚齐，那个在姚振华与万科管理层、华润集团之争进入胶着状态中入局的恒大，正在找机会买到更多的万科 A。

到 2016 年 11 月 9 日，许家印的恒大系持有万科 A 的股份已达到 8.285%。不过，恒大持股万科 A 的心意正在动摇，原因是外界抛出了更诱人的橄榄枝在等着他。

香港市场的万科 H 股在蠢蠢欲动。

媒体报道称，新世界发展董事会主席郑家纯通过子公司入局。

万科这个大局中，香港富豪纷纷入座，抢筹已开始。

万科管理层与王石需要担忧的是，这次董事会进来陌生人已在所难免，万科大厦正在动摇。

第八章　下一场：抢筹开始

“你猜和尚会说什么？说了王石会信吗？”接近“宝万之争”的人问我。

他之所以这么问，是因为他看到了一张照片。

2016年8月13日，一张疑似时任万科董事长王石出现在深圳弘法寺的照片在网上传出。照片中，他穿着一件白色T恤，外面套着一件深色休闲西装外套，面容消瘦，显得有些苍老。

这是许家印率领他的恒大系，策马扬鞭疾步快奔加入万科战局后不久，疑似王石行踪的最新动向。

近段时间以来，王石正变得十分安静，不太正常的安静。

从万科复牌前一直保持高更新频率的王石的微博，到疑似拜佛照片传出那天，已经安静了整整44天。也许王石内心里所承受的以及经历的，正让他不得不把自己安静下来，才可以看清复杂局势中交错的力量与利益。

然而，“宝万之争”中参与的每一方主角，都怀揣着自己的心事。

大舒一口气的是姚振华，他不再孤军奋战，不再是万科管理层与王石鼓足炮火攻击的唯一一方，不再是监管机构、深交所、小散户唯一关注的站在万科管理层对面的野蛮人，他也暂时不用那么担心他持有的万科A的几百亿元资金的安危，毕竟，许家印已经砸入了百亿元资金，对于姚振华的不利局面，因许家印的加入已彻底被扭转，许家印成了拯救姚振华的白衣骑士。

姚振华的心情正变得轻松下来，嘴角起泡的光景已不复存在。他工作的重心也不再仅仅围绕着“宝万之争”，而同时围绕着他手里还持有其他上市公司的事宜。在与团队交谈时，姚振华的心情已明显轻松下来。

许家印还一如继往地在他的“恒大帝国”里扮演着他一贯的角色，这家公司的加班情况并不会因为许家印的恒大系是否加入万科之战而发生特别的变化。

一位在许家印身边工作过的人士提及，恒大就是一家时刻准备进入战斗状态的公司，如果老板和大家开会，临时决定安排一个人去出差或者调任一个地方，留给这个人的时间可能连收拾行李都不够。

更多的传闻是，职位高的管理层，手机需要保持24小时开机，如果手机响三声还没有接许家印的电话，可能会被算作一次事故而被免职，也正因此，即便在家洗澡时，高管也让太太帮忙看着手机，一旦响了，洗澡中途也要冲出来接听。不过这些传闻无从得到许家印的证实。

这家被市场称为“军事化风格”管理的公司，让每一位管理层如履薄冰。这是一家被称作“工作一年相当于在其他公司工作三年、五年”的民营企业，它的老板许家印是个工作狂，是资本市场的“冒险家”。

从工作狂与冒险家这点来看，姚振华与许家印有相似之处。不同的地方在于，姚振华对公司的管理风格并不如许家印这般激进，虽然姚振华的办公室可能是整个办公楼里最晚还亮着灯的那间。

如今，围坐在万科这局大席中的各位都正在盘算着，如何从这次股权的围猎中，让自己的利益最大化。

“现在进入抢筹阶段，根据股份持有量，计算各方可以在万科董事会中拿到的席位。算法非常有技术含量，要根据各方当前的持股量以及接下来可能再变化的持有量来综合计算，是动态变化的过程。”各方对于接下来的任务十分明确。

不过，股份的所有者与持有量还具有不确定性。比如，恒大系持有万科A的股份在经历一些考验。

恒大系一系列动作后，深交所正在对恒大系的股票账户进行重点监控，对恒大系采取了电话警示、书面警示，要求提交合规交易承诺、盘中暂停当日交易等监管措施。

原因在于恒大系在万科A上存在明显影响价量的异常交易行为，还在诸如国民技术、金洲管道、中元股份等股票上的“准举牌”（持股量达到5%触发举牌线需要告知市场，接近5%属于准举牌）行为，涉嫌短线炒作的异常交易行为。

尽管如此，万科在市场上的流通股已经占比不大了，而万科管理层、华润集团、姚振华、许家印与安邦集团等各方正在集结，等待2017年3月的董事会来临，进入“宝万之争”的终极之战，也许那天，就是“滚石计划”曲终之时。

那时的王石，是否会想起三年前的现在、两年前的现在、一年前的现在，抑或是30年前的现在，而暗自神伤呢？

“哈瓦娜呐”田朴珺与王石的美好时光

“男人的事情最重要，田朴珺已经暂停了这部电视剧，她原本出演其中的主角。”一位有意与田朴珺合作拍电视剧的合作方人士在2016年深秋的北京说。

因为“宝万之争”，时任万科董事长王石成为战局中的主角，田朴珺也因与王石的男女朋友关系，被史无前例地拉到了聚光灯下。而田朴珺之前的高调行为，让作为公众人物的王石备受关注。田朴珺当下正变得低调下来，不再给“星光”消散的王石，带来更进一步的“星光”效应。

这与几年前的她和她的生活判若两人。

2014年8月，田朴珺与乐视网联合推出了一部《谢谢你，纽约》的微纪录片。这部纪录片试图以田朴珺走进纽约的经历为蓝本，讲述她怎么样成为一个独立而成功的女性。不过，这部微纪录片除了展现她游走于美国的上流社会与精英阶层之外，并没有解释她是怎么通过一两年的时间，独立地进入纽约社交圈，毕竟，纽约是个名利场。

2012年底，当田朴珺第一次在网上发出王石为她做的红烧肉照片后，迅速蹿红，由一个不知名的小演员，一举成名，成了王石的女朋友。

不过，田朴珺提着一个箱子，抱着一个枕头，在2011年初去了纽约，到的当晚，差点露宿曼哈顿街头。碰巧的是，差不多时间段，王石也正好去美国哈佛大学做访问学者。

在田朴珺出版的《习惯就好》这本书中提到，在纽约时，大多数时候，王石周末都会从哈佛大学坐五个小时火车，赶去看田朴珺。经常吃西餐，田朴珺发了疯地想吃红烧肉，赶去看她的王石捧着 iPad，要给她做一顿红烧肉。

两人对照着食材与用料开做。田朴珺是一位蛋也不会煎的演员，王石和她把红烧肉煮成了一锅泥，但田朴珺仍然觉得好吃，于是拍照，上传微博以做纪念。“笨笨红烧肉”因此上了百度词条。

“笨笨红烧肉”让网上铺天盖地地流传着田朴珺与王石相恋的消息，真真假假。田朴珺还是从朋友处听说她与王石的故事被传开，当时她正在北京的家里吃泡面。不过，她很淡定，吃完泡面后才打开电脑，看看网络世界发生了什么。

田朴珺的微博一夜之间多了几百封媒体发出的私信，约她做采访。做了多年演员，也许那些时刻，是田朴珺过往人生中关注度最高的一段时间。

田朴珺的手机一直处于振动状态中，她不得不把手机插着电源一直充电，不然随时可能因为没电而自动关机。

更多人的疑问是，是什么样的女子，征服了王石这样一匹桀骜不驯的“野马”。

与王石在一起的田朴珺，像个邻家女孩。即使在美国时，她拖着王石逛超市，曾试过把超市里所有试吃的东西吃一遍，吃完了连晚饭都省了。遇到味道好的东西，他们也会买，有时王石会对她说，行啦，行啦，你别吃了。

一位媒体人提及，田朴珺曾说起，王石曾单膝跪地向她求婚。与王石和田朴珺一起在美国吃过饭的前媒体人秦朔，曾经问过当时在美国做访问学者的王石，王石坦承感觉很幸福。

在哈佛大学访学期间，作为中国最著名的房地产公司董事长和最具权力的董事会主席，王石在美国受到的礼遇是他人难以企及的，即便去哈佛做访问学者，也与万科这家公司在中国市场的占有率、品牌、地位和影响力密不可分。

2010 年 4 月，王石在北京参加哈佛大学中国基金安排的答谢宴会。王石之所以会出席，或许与万科在 3 年前成为哈佛大学的合作伙伴，接待哈佛大学的本科生到万科进行暑期实习有关。

这次宴会上，哈佛中国基金执行主任询问王石是否有兴趣去哈佛游学。这次机缘，开启了王石的美国访学之旅。

作为中国著名的企业家，王石到访哈佛后，便参加了常春藤盟校中国留学生联合举办的2011年迎新春晚会，而这个活动的安排者，正是在万科工作过、当时正在哈佛读博士的常征。

王石在国内的知名度，已通过他受到的尊敬传递到大洋彼岸。

迎新晚会上，当主持人介绍到“王石”的名字时，台下的中国学生便发出了意外与惊叹的掌声。

这一方面是万科这家公司在中国具有的绝对影响力的体现，另一方面也是广袤的中国市场所展现出的魅力的体现。更重要的是，中国的政治、经济影响力的日益扩大与在国际舞台上地位的提升，让美国市场与美国人，越来越重视一家有影响力的中国公司给他们带去的价值与潜在利益，而王石，显然是这家公司最具权力的最高管理者。

在美国期间，王石受邀到世界自然基金会美国基金进行演讲，此后，又受邀到世界自然基金会的全球总部日内瓦演讲。论坛10个主讲嘉宾，其中两位是企业家，一位是联合利华的首席执行官，一位是在哈佛访学的万科董事长王石。

王石的高端行程，还包括万科建研中心安排的FIFA总部参观，毛大庆当导游的新加坡国立大学的拜访，建筑大师安藤忠雄推荐的日本本州秋田县的“小坂冶炼”的考察，以及万通创始人冯仑慕名参加的美国建筑大师的建筑探寻之旅等等。

王石的女朋友田朴珺此时也在美国。对她来说，纽约应该是此生都无法忘记的福地。这位到2014年中自己公开举例说还不会用电脑打字的姑娘，连她都说，自己的故事就像一个现代灰姑娘的故事。

2011年4月，田朴珺到达纽约，住在位于纽约第一大道13街338号的一所老房子里。她认为自己是灰姑娘，原因大概是她一天花10美元住在这所从逼仄楼梯走上去、没有窗帘、没有空调的房子里。

她的记忆中，有买来嗡嗡作响的窗机，开到最大，出去溜达，等房间凉了再关掉窗机入睡。一次上楼梯时接电话，脚下一滑，摔了一跤。

田朴珺并没有意识到，相比于其他到访纽约的男男女女，她已算得上非常幸运。

美国作家 E. B. White 曾经在他的一本《Here' s New York》里写道，每年都有成千上万从美国中西部来的女孩，从机场、车站与火车站拎着箱子，来到这个城市的每个角落，他却只想让这些女孩快点回家。

他在书里提到，每个敢于闯荡纽约的女孩都胸怀大志，不轻言放弃，她们相信歌里吟唱的：If I can make it there，I' ll make it anywhere.（我在纽约能扎根的话，我在全世界任何地方都可以扎根。）

这多少有点像汪峰唱《北京北京》时的意境：我在这儿活着，我在这儿死去。

田朴珺有王石这个男朋友，周末从波士顿的哈佛赶到浮华世界、纸醉金迷而又充满财富与传奇的纽约去看她。

E. B. White 笔下的美国中西部的姑娘们，大多没有机会像田朴珺一样，一到纽约就可以用她的脚步丈量美国最著名的建筑、景观，成为美国百年家族洛克菲勒家族的座上宾。

在纽约，田朴珺在纽约电影学院学习；有纽约大厨朋友；在纽约曼哈顿乘坐直升飞机，游览曼哈顿下城（Lower Manhattan）；吃她心目中全球最好吃的酸奶早餐；与纽约著名艺术品收藏家 Fashion Concepts 创办人亲切拥吻。

她到洛克菲勒家族第四代、作家、纪录片导演和珠宝设计师的苏珊·洛克菲勒家做客，还收到苏珊·洛克菲勒送给她的小礼物。

田朴珺到美国上层阶层私家庄园社交。

她与洛克菲勒基金会主席、环保事业活动家以及美国著名女主播 Diane Sawyer、出演过《明星伙伴》《穿普拉达的女王》的好莱坞著名男演员 Adrian Grenier 共进晚餐。

田朴珺还是万通创始人冯仑的朋友，和美中关系全国委员欧伦斯（Stephen A. Orlins）是“忘年交”。她与纽约排名 Top 100 的大经纪相熟，是著名模特化装师 Rose Marie 的好朋友，到 Carlyle Hotel Manhattan NYC 看获得诺贝尔奖的伍迪·艾伦驻唱。

一两年时间，田朴珺成了纽约的社交名媛。

之前有位华人邓文迪可能比田朴珺交往的名流更多，但邓文迪一点也不掩饰她跻身名流、往来于美国上层阶层的原因是她的前夫、美国新闻集团掌门人鲁伯特·默多克。

演员出身的田朴珺，还试图向外界展现她擅长经商。

比如，她刚到纽约，就差点与最好的朋友之一、纽约著名犹太裔地产商斯哈泊（Shahab Karmely）做成一单生意。

《习惯就好》中提到，在纽约曼哈顿最贵的翠贝卡区，有一个老楼改造项目，这座老楼能看到河景，改造项目一部分做成安缦酒店，余下的可以开发公寓住宅。她在2012年2月发现了这个项目，当时，纽约的房价正从下降通道中回升。

田朴珺准备把这个项目做成一个资产包，找中国内地的人来投资。她做了初步计算，每套公寓的总价约为500万美元，首付四成约为200万美元。

她把这个计划与国内的朋友沟通，但没有获得热烈反响，原因在于，他们疑虑与担忧一个初到美国的姑娘，是否真的了解纽约的主流市场。当然，在那时，著名的“笨笨红烧肉”尚未出炉，还没太多人知道王石是田朴珺的“王老师”。

田朴珺在纽约试图证明自己是个独立女性，并不依附于谁。大多数时候，田朴珺的确聪明、勤奋，但人们总是趋向于认为，有了王石这个男朋友，为她的新世界打开了一扇门，尽管她一直试图证明，她的今天并不依靠王石。

在去纽约前，田朴珺在国内认识了一位美国富N代朋友，这位朋友介绍了犹太人斯哈泊给她认识，后者是美国著名的地产商。

斯哈泊为田朴珺打开了一扇进入纽约上流社会的门，但没人敢否认，精明的犹太人是不是更看重田朴珺的男朋友王石，以及王石身后的万科这家中国最著名的房产公司和中国最广袤的市场。尽管在田朴珺的世界里，王石是通过她才认识斯哈泊的。

田朴珺带着王石到斯哈泊位于美国著名富人区的长岛度周末，私人飞机接送。他们像一对普通情侣一样，在长岛别墅区晃荡，挨着壁炉，喝着浓郁的热巧克力，听听音乐，聊聊美国经济形势。

如果是冬天，田朴珺会坐在壁炉边，外面雪花飘逸，她在房间里，看木柴燃烧，听柴火燃裂的声音。

有时，他们也一起去打保龄球。斯哈泊与他儿子一组，田朴珺与王石一组，王石技术没有田朴珺好，玩完后，王石要求再来一把。

他们有时也去海滩游泳晒太阳，王石的冲浪板玩得很好，田朴珺就躲在车里拍照片发微信。

王石对田朴珺是充满爱意的。

田朴珺在她的书中提到，刚开始交往时，王石带着田朴珺去滑雪，田朴珺学得比较辛苦，摔了不少跤，王石调侃她，让她晚上滑，没有日晒，摔倒也不丢人。

在田朴珺的面前，王石也展现出了外人难以看到的对田朴珺依赖的一面。

田朴珺在上海出差时，身处北京的王石给她打电话，询问吃饭问题如何解决。工作中的田朴珺发了外卖的电话号码给王石，让他订外卖。恰好外卖店不送餐，王石继续找田朴珺解决问题，田朴珺让王石到冰箱里找吃的，继而挂了王石的电话，还关掉手机。回到北京后，一天就吃几片面包、饥肠辘辘的王石并没有怪罪田朴珺，反而对她包容有加，就像什么也没有发生。

大多数时候，田朴珺是内心孤傲的王石与这个有烟火气息的世俗世界沟通与交流的桥梁。

田朴珺在纽约买了公寓，装修房子时，添置的一些物件不太合适。依照王石的性格，他其实是不太愿意去退货的，但田朴珺则不一样，他拉着王石去退货。田朴珺三下五除二办完事情后，王石对她称赞有加。

在田朴珺居住的纽约布置好了小窝，他们一起去逛附近的二手书店，买了一大堆书，却不知道怎么带回家。打车不现实，需要往返多趟，两人也觉得买的二手书，打车搬回去不划算。田朴珺像个机灵的问题解决专家。他们跑到隔壁超市借来绳子和带轮子的平板车，把书放进纸箱，拖回去。

像电影里发生的浪漫情景：冬天的坡道有些湿滑，平板车无处固定箱子，也没有防滑系统，箱子摔落，书散落一地，王石拽住车，田朴珺蹲在街头捡书。也许在田朴珺演过的所有女主角里，从来没有一位如此真切、浪漫而又入戏，而这还是她真实生活中已然上演的情节。

她抬头看到橘黄色路灯映照下的天空飘落的雪花，另一旁，王石看着她，笑得直不起腰。如果把这个画面定格，是每个姑娘对爱情最好的向往与诠释。

合理的分析是，到了美国后，王石与田朴珺都处于一种放空的状态，他们都给了彼此更多的时间与空间待在一起。内心孤独的王石，在此时遇到了一个充满活力、能激起他热情的年轻姑娘，而这个姑娘，恰好很崇拜他，能解决大多数生活中遇到的困难，还具有极强的社交能力。

王石与田朴珺像情侣一样，他们需要在远离生活了几十年的中国的异乡互相照顾。

田朴珺不常去波士顿看王石，但如果去，她也会帮着王石做做家务，不过王石吃饭要求不高，她一般买些面包奶酪和小干果备着，够王石吃一阵子。

王石倒是很愿意为田朴珺尝试做上一顿红烧肉。逛超市时盯着生肉发呆的田朴珺，常常在电话里对王石说想吃红烧肉。王石淡定地说要做给她吃。

两人一起讨论如何做好一顿红烧肉。田朴珺试图请教母亲，被王石拒绝。不过，她不忘围绕在"王大厨"面前，提醒他放水。王石一板一眼地对照着iPad上的指示，坚持要15分钟后再放。田朴珺又提醒他放土豆，王石没有吭声。

在王石与田朴珺的共同努力下，他们做好了一顿红烧肉。这让王石充满了成就感，离开纽约回波士顿前，他还提醒田朴珺接下来两天还可以接着吃。

在田朴珺的书中，王石在努力扮演一个好男朋友的角色。田朴珺在纽约看到一个姑娘穿的一件大牌的衣服很好看，她拉着王石跨越纽约，坐了很多站地铁，去专卖店试穿。虽然田朴珺最后没有买那件衣服，但离开专卖店走了很远后，王石不忘夸赞"其实真挺好看的"，尽管之前因为王石一句"其实一般啦"，让田朴珺打消了买这件衣服的念头。

对于王石来说，田朴珺也许像是人生中的一个惊喜。

关于他们相识相恋的确切版本，有不少的传说，有版本说他们相识于长江商学院，有版本说他们是在冯仑的撮合下认识的。

关于冯仑这个版本，大致是说，冯仑投资了一个旅行社，组织大佬与朋友们去旅行。2008年10月，王石与冯仑去古巴的哈瓦那，这一次同去的，便有田朴珺，后来，田朴珺把她的微博命名为"哈瓦娜呐"。

得到田朴珺认可的版本是，王石连续五天请她吃了五顿饭，到第五顿时，他让田朴珺做他的女朋友。

不过，王石起初对田朴珺的感情与认同感，可能是复杂的，毕竟认识田朴珺时，她是个演员。

在去美国前，王石曾经问田朴珺为什么要去纽约读书。田朴珺说了很多理由，都被王石一一反驳。直到王石说，她的原动力在于想证明点什么，田朴珺听完后失声痛哭。

田朴珺早年间就读于中央戏剧学院，2002 年被迫退学，后来，她开始进入社会，当演员。市场流传出来的版本是，2003 年，她在香港导演王晶的《神勇铁金刚》电影里出演一个戏份很少的到港漂泊的内地女性。老实说，她在这部电影里没有什么演技可言，与今日相比，相貌有较大变化。

随后，田朴珺还接拍过《韩城攻略》，这部电影的男主角是梁朝伟。

田朴珺的人生改变，是在成为“笨笨红烧肉”的女主角后。差不多那时开始，田朴珺的工作室日益繁忙起来。比如，投资导演陈可辛执导的《中国合伙人》，获得 5 亿多元票房，投资大获成功。

不过，田朴珺想证明什么这点，对于王石来说，在他与她的纽约更多相处中，已然得到王石的认同，在王石这里，已得到证明。

田朴珺在纽约买房的经历，让王石刮目相看。

田朴珺在纽约买了一套公寓。没有社会信用信息，在美国很难贷到款。田朴珺在律师的帮助下，通过香港一家银行在纽约的分行，搞定了贷款。如果稍微了解情况的人便知道，这的确不是件容易的事情。

王石对于田朴珺的周旋能力是这样评价的：“一个小姑娘，异乡人，连张信用卡都没有，谁都不靠，就靠一股闯劲儿，生生把贷款办下来。”

在田朴珺这里，她努力想扭转王石对于她演员出身的印象，她更愿意自己在王石的心目中，是一个独立成功的女性，有自己的事业，并独挡一面。这样才能更好地与王石的名气和影响力相匹配，才担得起王石女朋友这个名声。不过，也许王石并不太在意这点，从他对田朴珺的包容来看，至少说明了这点。

无论如何，田朴珺已经奔上了新的人生大道，但她未曾想到，发生在 2015 年夏天的这场“宝万之争”风波，居然持续了一年，形势越来越复杂，局面也越来越难控制。回首纽约经历的这些摸得着的美好时光，田朴珺与王石，内心应该十分翻腾。

可是，这世界的规律是，一切都在变化，谁也无法改变。

田朴珺暂停了她运作中并要以主角参演的电视剧，全力支持王石的这场举世瞩目的股权之争。

而王石，则异常地安静，等待未来的发生。

抢筹与布局

万科前高管，现在自己创业，与王石亦师亦友的毛大庆问了王石一个问题。他说，你连续五年上哀牢山，和褚老（褚时健）交流，是不是一直在寻找人生的航标灯？

王石给了他坦承回答问题的标准范式：会心一笑，“你可以这么说”。

2016 年 11 月 5 日，和以往一样，带着 60 多名企业家团体，王石第五次到访“褚橙庄园”。上一次是 2015 年 11 月 17 日，在那个时间前后，王石发表了一个内部讲话，第一次提到了他与“宝万之争”的主角姚振华的对话内容，掀开了“宝万之争”的大幕。

也许是相似情景重现的缘由，王石在当晚的交流中说了这么一句话，“大家匆匆忙忙，经常忘记了什么是‘幸福’的真正所在”。说这句话时的王石，内心里应该是平静的。一名作风硬派、要求颇高的管理者，在一个几十名企业家聚会的场合，提到的是关于“幸福”的话题，可能他正在对精神层面进行探索与感知。

不过，最让毛大庆动容的场景，是王石与褚时健惺惺相惜的眼神与相互之间的理解与宽慰。

在交流环节，褚时健被问及了以前常被问到的一个问题：“如何度过那段最低谷的日子，带给了你什么样的启发？”

把这个问题放在一年前，褚时健给出什么样的答案，王石的感受也许都不会如交流环节当下的感受那么深刻而冷冽。

王石坐在褚时健身旁。他接过褚时健的话，用手比划着解释“从波峰跌入波谷，再从波谷走出来”。

坐在交流席中的毛大庆敏锐地感知，并捕捉到了褚、王二人对这句话的体会与肢体语言和眼神的交流。他以同理心，感受到了懂得沉浮的两个人，对于沉浮的解读，并进而身临其境地升华到了两人在此时此景中的那份共鸣与体悟，十分感动。

他用镜头抓住了这个瞬间：褚时健向镜头右侧歪着头，眼神专注地看着王石；王石两手握拳，一手胳膊倚着桌角，一拳搭在椅子上，眼睛盯着地面方向，神情若有所思。

尽管如期履约，但这次再上哀牢山，王石比以往走得更早。

次日上午临行时，王石有些恋恋不舍，与褚老全家照了张合影。他在嘴里喃喃自语，表示年底前还要再来一次。

在一张临行前告别的照片中，王石与褚老太太都面带笑容地攀谈着，皱纹爬满了王石的眼角与脸庞，他头发稀疏，显得特别清瘦，与穿着正装显得精干硬朗的王石，判若两人。

王石仍然陷于“宝万之争”的旋涡中，无法自拔，越挣扎，陷得越深。

进入2016年10月与11月，“宝万之争”的各参与方表面上已经偃旗息鼓，处于休战状态，没有把互撕进行到底，倒是隔空喊话，在市场中搅动了一池春水。

最活跃的是许家印与恒大。

许家印把恒大地产注册地，从广州迁到了深圳。在一份流传出的疑似广州备案信息上，恒大已显示迁出，核准日期为2016年9月12日。在深圳市市场监管理局登记注册信息上，恒大地产已注册，发照日期为广州迁出后的第二天，注册地址为深圳市南山区海德三道126号卓越后海金融中心3901房。

这不是令人感到特别吃惊的消息。恒大要迁到深圳的传言由来已久，一些恒大的员工因为家在广州，早就在考虑换工作还是和公司一起迁往深圳。

恒大像要在深圳大干一场。

国庆后不久，恒大准备通过借壳深圳国资房企深深房从H股回归A股，从香港迁回深圳上市。

不过，市场的传闻是，恒大之所以能借壳深深房，原因在于深圳市政府意欲通过此举作为交换条件，让恒大同意退出“宝万之争”。

在“宝万之争”中，恒大是非常关键的一方。如果恒大与姚振华的宝能结为盟友，无论华润、万科管理层，或者是安邦，都非常难受。原因在于，他们两者的持股量加起来，超过万科 A 35%，而事实上，按照上市规则，超过30%的持股量，可以对一家上市公司发起全面收购。姚振华与许家印的持股量，决定了其他各方难以撼动他们的地位，比如在小股东投票与董事会人选派驻上非常有优势，将可能改写并锁定“宝万之争”的局面。

不过，恒大依然在继续增持万科，市场推测，可能的合作方与恒大一起，合计持股量已超过 10%，超过安邦集团对万科 A 的持股量。恒大何去何从，也许要等到 2017 年 3 月的董事会换届选举才能揭晓。

许家印对万科显然是虎视眈眈的，甚至有些蓄意与万科“攀比”。

就在万科发布 2016 年度三季度报后一天，恒大便发布三季报，意图十分明显：恒大已超越万科，成为销售额最大的房地产公司。

曾经给王石的书写过序的秦朔，在一篇《超越万科　恒大距离伟大有多远》的文章中如此评价恒大：万科在王者之位上十几年，恒大刚戴上王冠，还是要高筑墙、广积粮，伟大在于细节的积累，伟大是一个永葆谦卑仍矢志不移的过程。

不过，从整篇文章的基调来看，秦朔对恒大充满赞赏，就像他曾经对万科和王石的尊敬一样。

姚振华的团队此时在干吗呢?

9 月 12 日下午，宝能集团在官方微信上发了一篇《那些年，被万科高层出卖过的大股东》。

也许是顾虑不够周全，这篇文章很快被删除，更有趣的是，宝能集团的微信公众号在当晚还被注销。

不过，这个蹊跷的举动，倒是让各方潜藏在背后的“推手”现身，得到印证。

差不多这个时点前两周，吃瓜群众津津乐道的是时任万科总裁郁亮与恒大总裁夏海钧交谈甚欢。他们好奇的是，两家公司的老板在争，他们能聊什么。

同时出场的还有时任万科的独立董事华生。

他继续发声。

华生在媒体上发表《华生：万科的独立董事丧失了独立性，还是首次展现了独立性》的署名文章，总体上在澄清他并没有偏袒万科，回应他作为独立董事未经授权披露董事会信息等问题。

他表达的一个核心观点，是支持万科引进深圳地铁的方案。他认为，如果华润宝能尊重万科长期以来被公认为典范的公司治理结构，维护公司“无实际控制人”的企业改革标杆，支持对万科发展与万科市场估值，并对宝能也大有好处地引进深圳地铁方案，终结与万科之争，以纠错改过求得和解与豁免，节省行政和司法引入成本，一个多赢局面仍然可求可得。

在宝能系的一份工作计划中，提到了对华生《万科之争的公司治理和国企业改革意义》和《怎样建设一个强大的资本市场》的质疑意见。

通过专业人士的意见与争鸣，进一步阐述立场，从中国的资本市场建设与完善来说，这种“百家争鸣”的做法，倒是“宝万之争”中难能可贵的收获。

而至于华润集团，则显得相当沉默，他们正忙于华润万家对 Tesco 的收购整合，以及华润旗下各板块业务的运转。

华远集团前董事长任志强，曾在华润成为万科大股东之前，带着支票准备去买回这个位置，因故未能成行，他对华润重新掰回大股东位置给出了建议。

他认为，华润并非无路可行，或彻底失败了。华润虽然单股不再独大，但可以和其他股东合作，形成一致利益人的统一战线。华润也有这种实力和号召力，只在于想不想、要不要这样去做。比如，华润仍然有能力在股票价格相对合理时扩大股权占比的能力。

任志强在微博上连续发了 8 篇文章来阐明他的想法。

他提到，如果双方都继续在增持上下功夫，就有可能触及全面要约收购的红线。任何一方也都可充分地利用要约收购的条件进行套现，将控制权转给对方，一方面实现价格收益，另一方面形成绝对控制。

“当然华润也可以与宝能合作，变成一致行动人，成为联合体共同对管理层进行委托管理。这样两个股东之间的合作就能化解现在的矛盾，让单一资本与经营者之间的矛盾转化了。王石可以对宝能提出不接受或难以合作的理由，却无法对合作之后的股东地位说‘不’，这样也为公司可持续发展带来稳定预期。”

尽管王石是他的朋友，任志强也并未避讳。

作为国企高管、在国内享有盛誉的傅成玉却并不这么认为，他是中石化集团公司原董事长、全国政协常委。

在一篇署名文章中，傅成玉认为，华（润）宝（能）与万科之争最新的发展态势，本身已经超出了大股东与全体股东利益之间以及大股东与管理层之间的矛盾。从宝能发出罢免万科全体董事及高管层的公开要求那一刻起，华宝与万科之争的长远影响，已上升到社会利益和一个健康资本市场的发展建设层面。大股东利用现有法律和监管制度提出自己的利益诉求无可厚非。

不过，在他看来，正像英国公投退欧那样，一切都合法，整个程序都是人们认可的，但脱欧结果是大多世人不愿看到的，从长远看也许也是英国自身不可承受的。公投是人们普遍接受的国家重大问题民主决策的一种方式，却导致自己不愿看到或不可承受之结果。华宝与万科之争已经出现类似迹象。

从“不愿看到或不可承受之结果”的说法来看，傅成玉的表态，语言平实，落地却相当重。

他甚至提到，优秀的万科管理团队是贯彻良治、实现优秀业绩、实现公司可持续发展、为股东提供长期可持续回报的核心资源，也是万科品牌价值的核心资源。离开这个核心资源，无论这个公司是否还叫万科，历史上万科的品牌价值和核心资源都将不复存在。

傅成玉还提及，从宝能近期简单粗暴的行为方式可以看出，他们根本没有从这个方面考虑，更没有为此做足准备，如此任性对全体股东不负责任，也是对社会不负责任。宝能依法履行大股东权利无可厚非，但若宝能宣布的计划一旦实现，伤害的不仅是万科品牌和万科公司自身的价值，还有全体股东特别是小股东利益和中国资本市场的健康发展，最终也会伤害大股东的根本利益。

姚振华和他的团队在看到这番发言时，心里一紧。这些声音，让宝能集团感受到万科 A 股票的收购之举，正在承受更多压力，而他最担心的，是市场规则与商业运营以外力量的介入与干预。

傅成立在这篇他署名的文章中还提出了建议：建议相关监管部门应该首先站出来审查其交易的合规性，交易方案是否维护了全体股东利益，是否有利于万科公司的长远发展，以及是否有利于资本市场的健康发展等。正在演化中的宝能万科之争，迫使社会大众和相关监管机构，要从社会公众利益和资本市场健康发展角度，重新审视宝能与万科之争的深层意义。

这与证监会、银监会、保监会和万科与宝能这两家公司所在地深圳市政府所面临的挑战与承受的压力是相似的。在一个公开的市场，他们能做的，就是在规则面前，保持公正，保持敬畏，以及在已成事实的规则面前可以完善的地方加紧完善。而至于“宝万之争”中，规则中没有出现的部分，则没人知道可以怎么办。

由于宝能集团姚振华买入万科 A 的先遣部队是前海人寿，在质疑姚振华资金来源时，往往第一个被拉来“垫背”的，便是保监会。接下来，姚振华的大部队动用了银行理财资金、信托、券商等金融机构和各种金融工具，这些相关监管机构，比如银监会与证监会，也密集出台完善措施，杜绝一些金融工具的使用，比如，券商的收益互换、银行理财资金的使用规则等等。

地方证监局也没闲着，他们密集地与万科和宝能、华润集团沟通，力求在监管中尽到公正的义务，不遗余力地完善各方在信息披露中的瑕疵，以及向各方发函，回答公众质疑，让宝能集团的姚振华公开九个资管计划的结构等等。

吃瓜群众关心的是，还能不能买万科 A；如果不能，还能跟着姚振华与许家印，怎么样到市场上去选股票，跟着赚点钱。当然，关心各方互撕的八卦与表演，也是必然的。比如，许家印的恒大系还爆炒了一把廊坊发展，姚振华和华润集团还曾潜入东阿阿胶。中国的资本市场从来没今天这般活跃、充满活力。

房地产界除了许家印，王石的朋友 SOHO 中国董事长潘石屹、CEO 张欣，在“笨笨红烧肉”事件爆发期间调侃过王石，在“宝万之争”一拉开序幕时也表达了他们的看法。

潘石屹发挥了他一贯“新闻发言人”的风格，很谨慎地表示，“宝万之争”的详情不了解，希望他们处理好，形成一个很好的案例，给今后的企业家树立榜样。碰到危机、碰到事情的时候，他们本着什么原则去解决。

张欣则更鲜明，她说，任何一个上市公司，从（上市）第一天开始，就会面临资本市场的收益与风险。一个风险，就是股权结构不够稳定时，可能成为被收购对象。在这种情况下，不论老牌开发商，还是新的市场，任何一个上市公司都应该考虑这点。资本市场无法阻止合法合理的举牌，如果投资有可能给公司带来负面影响，该怎么办？实际上，不光是房地产公司，任何一个上市公司都要探讨。我们董事会每季度开会，大概三分之一的时间在考虑资本市场上的风险与收益。

“宝万之争”爆发前几年，王石朋友冯仑在与央视前主持人崔永元对谈时，讲过一个著名的段子。他说：“民营企业家泡女明星必死。凡是男性企业家开始追逐女明星，这家企业就离死亡不远了。”

“笨笨红烧肉”事件后，不少坊间的传闻，把王石与田朴珺的故事往冯仑的这番预言上套。

不过，在“宝万之争”爆发后，冯仑对此的评价则显得更加理性：万科的价值，在于它的职业经理人的专业精神和道德操守以及股东和经理人之间的默契与支持，也得益于最近20年房地产市场的快速发展。一个公司之所以是一个好公司，内因有经理人、股东、战略、产品，外因有市场、客户，有各方面的大势。

“一个好东西不是那么容易产生的，需要股东、经理人、客户，还有市场，各方面都应珍视。我特别希望万科一直能够有一个良好的经理人团队。股东和经理人之间有好的合作关系，同心同德，同气相求，在市场竞争中，始终立于不败之地，成为全球最大也最令人尊敬的地产公司。”冯仑说。

一些显得十分神秘的资本方也被拉入“宝万之争”的故事中。

2016年11月14日，明天控股有限公司对外表态，表示明天控股从未介入万科争夺战。这相当于对“明天系老板肖建华，可能已借道旗下险资进入万科争夺战”进行了辟谣。

虚虚实实，平静的湖面下暗流涌动。

万科管理层与王石、华润集团与傅育宁、宝能集团与姚振华、恒大系许家印、安邦吴小晖以及持有万科A与H的各种基金正在抢筹，接下来就要列阵开战了！

至于黑石是万科管理层与王石引进深圳地铁方案可能失败后的 Plan B 这个说法，现在已经没有什么讨论的必要了。在群雄逐鹿的世界里，黑石更像是来打酱油的。

“黑石只卖项目给万科，怎么抢董事会席位？黑石也不懂中国的事情，更谈不上智囊了！”

在流传出王石去深圳的弘法寺拜访方丈印顺的文章中提到，印顺有很多的头衔：广东省政协常委、中华文化促进会副主席、中国佛教协会副会长、深圳市佛教协会会长、海南省佛教协会会长，兼任深圳弘源寺、万佛禅寺、大华兴寺和龙兴寺的方丈。

印顺在潮汕商人中很有威望。这座寺庙大殿门口，挂着“星河国际全体员工敬献”的牌子。星河地产的老板是黄楚龙。

正如前面提到的，在深圳的地产界，黄楚龙相当出名而低调。有人认为，王石此行去见印顺，是想借此和潮汕商人交流。可以一提的是，姚振华也是潮汕商人。不过，王石真的去拜会了吗？如果是，在这次拜会中发生了什么，得有待 2017 年 3 月的董事会改选才能揭晓：王石与姚振华，会握手言合吗？

许家印的狂想曲，还是姚振华的独角戏？

“宝万之争”爆发近一年来，宝能集团的姚振华从来没有像 2016 年 10 月、11 月这般轻松，因为他的心思并没有完全放在万科事件上。

一切都在周密的计划之中。一切都在等待着见招拆招。一切都在等待 2017 年 3 月的到来。除了偶尔的隔空喊话，一切都如此安静。

不过，当下人们最关心的问题是：“宝万之争”是否已来到结局篇？董事会会发生什么样的变化？万科大厦是否已晃动？入局的各方将共同缔造一个怎样的新万科？

除了引入深圳地铁，万科董事长王石还会有什么新招吗？

在“君万之争”爆发时，王石与时任宝安股份有限公司总裁的陈政立交流过对“君万之争”的看法和对策，以寻找上市公司在“道义”上的支持。

面对当时的局面，陈政立十分悲观，觉得万科在劫难逃，他觉得在“君万之争”爆发时，万科能坚持一天已经很不错了。他当时问王石，君安的下一目标是哪家？

陈政立的复杂心情与悲观态度，以及“君万之争”的演变，让陈政立与王石的谈话气氛弥漫着悲观情绪，甚至悲观到有点恐惧。

不过几天时间，通过王石的运筹帷幄，“君万之争”的局被破了，万科化险为夷，这足以说明王石的能量。即便到了最后一刻，都有翻盘的可能。

许家印、姚振华无法绝对地安心，他们在静观其变。

在华润集团成为万科的大股东之前，王石想过许多办法来给万科找个好“婆家”，只不过，天时地利人和聚齐后，华润集团成为最好的选择。

王石与万科的管理层，把万科当成自己的孩子。他像一个家长一样呵护着这家公司的成长。

王石曾经试图把万科“托付”给中海。

在王石出版的《道路与梦想——我与万科（1983—1999）》的书中提到，1998 年春天的一天，王石在北京的凯宾斯基酒店向中海掌门人孙文杰提议，让万科与中海合并。

王石提这个建议，是因为中海当时正处于一个特殊的时刻。

一年前爆发的东南亚金融风暴，对香港的楼市与股市造成了巨大冲击，中海高价拍得的两块地在此时遭遇了严重贬值，损失惨重，加之股价下挫，中海市值严重缩水，这让中海地产处于一个严峻时刻。

王石开始游说孙文杰。他把两家公司的优势与互补性进行了对比：万科是内地上市公司，中海是香港上市公司；万科在多栋小高层住宅社区规模开发方面有专长，而中海则在高层群楼建设上有经验；中海在工程管理与成本控制方面优势明显，而万科善于营销。

他还给出了具体的合并方案：万科购买国家持有的中海的股权。

王石的建议并没有得到孙文杰的正面回复。此后才有华润集团与万科之间超过 15 年的合作。

这次王石会去邀请中海来做定向增发，或者以股权的方式与中海合作吗？从王石的性格来看，相比于中海，深圳地铁是更优的选项：它是深圳本地企业，还是深圳市国资委管辖的企业。

为解决“宝万之争”，王石已经尝试性提出华润置地与万科合并的建议，但没有被华润集团采纳。这是否意味着华润集团已经向万科关闭了华润置地与之合并的大门？

答案是未必。

华润集团当前已不是万科的最大股东，它的所作所为，一方面受制于国资内部程序等各方面的效率，另一方面，华润集团没有永远的“宁高宁”，亦无永远的“宋林”，当然，一家公司，亦无永远的“王石”。

在发出不欢迎姚振华的舆论后，王石其实已经四处奔走，市场对于他的运筹帷幄能力充满信心，王石的气场太强了。

2015 年 12 月 17 日，王石高调发声，以内部讲话稿的形式，隔空喊话，表示宝能系信用不够、管控能力不足，用于万科 A 股份收购的资金存在风险。

两天后，王石微博转发了一篇写“宝万之争”的文章，他还评论：“周一见”。

不久后，这条微博被删除。

不过，这条微博被删除是王石之意，还是王石微博运营者的考虑，则不得而知。从他看完蒋介石日记，准备在微博上发言，一经发出便被删除的经验来看，两种可能性皆存在。

王石一点也沉不住气。

又过了两天，他的微博上更新了他对“信用不够”几个字的认识：是风险考量，不是道德评判。他还对观点进行了论证：“信用评级有系统的评估工具。经营稳健性、风险偏好程度是核心指标，第一大股东变更可能引起的动荡也是考量因素。‘你的信用不够’，不一定是你不讲信用，是因为你的积累还不够”。

当日上午，王石还在微博上贴出了一张照片，照片拍摄了他与队友划船的场景。下午，他转发了一条微博，配上这样一句评论：“衡量一个人的成功标准不是看他站在顶峰的高度，而是跌到低谷的反弹力。”

他的内心戏太丰富了，情绪有些激动而抑制不住。

接下来，王石开始行动。

王石拜访大型公募基金并与基金经理共进晚餐的照片，于2015年12月20日在社交媒体上被贴出。从万科当时的三季报来看，44只公募基金持有的万科A股份占比，仅约2.5%。

万科内部的人解释，王石只是与机构投资者吃饭，是一个再正常不过的饭局。

当日更具震撼力的消息是，王石已经从央企拿到了200亿元的资金支持。信托公司还愿意为他准备100亿元资金。总计到手的300亿元资金，将与姚振华的宝能一决雌雄。

与高盛等在内的多家投行接触，并试图引入外部中介机构做财务顾问等说法，表明王石亦准备通过市场化的资产重组方案，来化解“宝万之争”的危机。

如果向华润集团定向增发，推行起来路漫漫。原因在于，如果万科向华润集团定向增发，需要股东大会表决。一旦进入股东大会环节，作为参与方，华润集团需要回避表决。这时，持股量最大的宝能集团，将在股东大会上具有更大的话语权，可见的结果是，定增方案将无法在股东大会上获得通过。

如果向安邦保险定向增发呢？仍将面临与向华润集团定向增发相似的问题：定增方案需要股东大会三分之二以上的股东投赞成票。

此时，回避投票方换成了安邦保险。王石需要拉拢尽可能多的中小股东，来与最大的股东姚振华的宝能集团抗衡。这些中小股东对王石推行的方案怎么看，如何去做如此细碎而又无法预知效果的工作，对万科的管理层是个难题。

王石做了一个相对有可能性的选择：向深圳地铁增发。他在赌一把：华润集团一定会对这个增发方案投赞成票。

然而，并没有然而。

向深圳地铁增发的最大瑕疵，是如何对深圳地铁注入的前海地块定价。定价太低，深圳地铁不愿意；定价太高，股东方不同意，特别是宝能集团与华润集团。原因在于他们持有的万科A权益将被摊薄，对他们来说，这一方面意味着金钱的损失，另一方面意味着对万科控制力的减弱。

华润集团与宝能集团都不是万科的白衣骑士。在赤裸裸的商业利益面前，谁会轻易松手呢？

这是王石与万科管理层陷入的僵局：华润集团果然对引入深圳地铁的土地换股权方案投了反对票。这是无法平衡的利益，无解的结，也是资金的不安全感。

王石亦没有更好的办法。

华润会改变主意吗？

宝能集团的姚振华会丢弃唾手可得的万科吗？

许家印和香港富豪会吐出入口的肥肉吗？

王石与万科管理层会轻易交出控制权的权杖吗？

所有的问题，都回归到资本市场解决问题的实质中来：用各自可以拉拢的联盟，为他们的选择投票，一票一票，决定董事会的人选，决定万科的未来。

第九章　艰难的战役：山雨欲来风满楼

恒大许家印还好吗?

2016 年 12 月 3 日，这一年最后一个月的第三天，周六，我依然在星巴克做着未完的工作。

大约下午 6 点左右，一个可靠信源告诉我：“恒大出问题了。”

我的注意力立即被吸引到了这件事情上，今天发生的一切反常局面似乎可以串联起来。

这天上午 10 点 50 分，一位在互联网金融公司任高层的人，在一个 400 多人的前同事群里扔了一个重磅炸弹：中国证监会新任主席刘士余在出席当日的中国证券投资基金业协会第二届第一次会员代表大会时发怒了。

刘士余语言严厉，超乎想象，核心直指资本市场上的热点事件：险资举牌、杠杆收购，严厉到甚至说：“你挑战现行金融监管的民商法，是有利于应对制度的创新和推进，有利于监管部门加强监管，当你挑战刑法的时候，等待你的就是开启的牢狱大门。”

这番反常的表态与话语，与刘士余一贯发言严谨谨慎、说话滴水不漏的风格相去甚远。

如果是一个了解环境语言体系的人，这时就会产生这样的疑问：“发生了什么事情，一定有事情发生。”

刘士余的原话是这样表达的：有的人集土豪、妖精及害人精于一身，拿着持牌的金融牌照，进入金融市场，用大众的资金从事所谓的杠杆收购，杠杆收购用的钱，出资人必须有风险消化能力，现在在金融市场，直接发展一些产品，实际上最终风险承受人不是发产品的机构，而是我们广大投资者。杠杆质量在哪里？做人的底线在哪里？这是从陌生人变成野蛮人，从野蛮人变成强盗。

市场开始猜测，虽未言明针对宝能集团的姚振华与恒大集团的许家印，或者安邦集团的吴小晖，但他提到的行为，又与这几家公司在资本市场的表现如此相似。

这个群里的人的多数反应是，这段话是针对姚振华的。他手里的宝能集团，对中国最大的房地产公司之一万科的收购，引发了巨大争议，甚至对中国的金融体系、法律、监管、资本市场，都是前所未有的挑战。

刘士余的用语，甚至没有顾及可能伤及其他的监管机构，比如中国保监会、中国银监会，他未对资本市场上杠杆收购所使用的金融产品的创新性留有余地。

"最近一段时间，资本市场发生了一系列不太正常的现象，举牌、杠杆收购，是对治理结构不合理的公司的一种挑战，这现象都有。但是用来路不正的钱，门口的野蛮人就变成了行业的强盗，这是不可以的。你在挑战国家法律法规的底线，你也挑战了你做人的底线，这是人性不道德的体现，根本不是金融创新。"他说。

这段话一石激起千层浪，在社交媒体朋友圈和不同的群里疯狂流传。

不同的声音开始质疑刘士余说这番话的正当性：以中国证监会主席的身份说这样的话，会引起市场不安，特别是万科；按照他的标准，中国金融机构中所涉及的金融产品，几乎没有不违规的。

不同的群里都在讨论刘士余的讲话，从上午到下午一直未停息。

一些不明就里的人开始分析：证监会与保监会的意见出现了偏差。

大约下午 4 点 26 分，中国保监会副主席陈文辉的一段公开讲话让事情显得更加蹊跷、扑朔迷离与耐人寻味。

陈文辉出席了中国财经媒体财新杂志当日的峰会，他在现场谈到，保险公司如果通过各种金融产品，绕开偿付能力监管、资本监管，监管就变成了"马奇诺防线"，修得再好也没有用。绕开监管的套利行为，严格意义上，就是犯罪，关键是能不能发现得了。

这与年初时任保监会主席项俊波的提法相去甚远。

2016 年 3 月 12 日，出席第二届全国人大四次会议记者会，回答关于险资举牌的问题时，项俊波提到："保险资金举牌越多，证监会刘主席越高兴。"

两位层级如此高的监管部门官员，都不约而同地提到了金融产品，口气严厉到用上了"犯罪"二字。

市场不知道发生了什么。

可循的迹象是，11 月 29 日晚，万科发布了一则意味深长的公告。

公告提到，钜盛华股份有限公司（姚振华的宝能集团旗下公司）、华润股份有限公司（万科原第一大股东、当时第二大股东）、中国证券金融股份有限公司（股灾救市时买入万科几个点的股份）、安邦保险集团股份有限公司（万科当时第四大股东）、国信证券股份有限公司、招商财富资产管理有限公司并未参与减持 11 月 29 日万科 A 的三笔大宗交易。

来自深交所的数据显示，11 月 29 日，万科 A 出现 3 笔巨额大宗交易，累计成交金额高达 121 亿元，成交数量为 44,044 万股，约占万科总股本的 3.99%，成交价格为 27.50 元（较当日收盘溢价逾 5%）。

有趣的是，买方营业部均为恒大曾用过的买入席位国泰君安广州黄埔大道营业部。

此前几天，万科董事长王石在云南大理的一次媒体联谊会上提到，中国的股市已经是庄市。

王石指的是什么？他似乎打了一个漂亮的翻身仗。

姚振华却陷入了前所未有的被动。

"语无伦次，已经昏了头。"可靠信源评价了当天下午 7 点左右出现的一条关于王石的新闻。

这条新闻的标题是"王石：坚定支持房地产调控，担心不能坚持"。

市场环境悄悄地在发生转变。

不久前，清华国家金融研究院举办了一场《规范杠杆收购，促进经济结构调整——基于"宝万之争"视角的杠杆收购研究》的报告发布会。

在这场发布会上，时任全国人大财经委副主任委员、清华大学国家金融研究院院长吴晓灵罕见地提到，宝能系对万科股权的收购过程中，组织了银证保信各方面的资金，杠杆率高达4.2倍，从资金组织上是不违规的。但这些组织的方式蕴含了很多风险，这些风险需要监管方面针对性地堵上现在监管的漏洞。

她专门提到了万能险。

这是姚振华宝能集团打前阵的前海人寿一开始收购万科A运用的工具。

吴晓灵说，宝能案例中的问题是，万能险是一个成熟保险品种，不该是短期资金，隐患是可能造成短期资金长期投资，也就是说如何把短期资金拿出来，存在流动性风险的可能性。

她还质疑了保险公司把万能险作为融资工具的合理性，以及姚振华的宝能集团使用九个资管计划进行杠杆收购面临的问题。比如，信息不透明，掩盖实际控制人，多层嵌套可能引发交叉风险，以及资管计划本身的风险控制机制。

这些质疑，对于姚振华来说，每一条都足以让他嘴角再次上火。

不过，这样的问题发生在姚振华使用这些工具之后，而不是之前。

即使一切都按照现行法律法规来操作，这些资管计划也未必违规，更大问题则出现在分业监管上：银监会、证监会、保监会各司其职，各自监管属于自己权责范围内的部分，但这又是一个综合金融正在到来的时代，如果市场参与主体并没有明确地违反现行法律法规，监管亦将左右为难。

当下的局面是，“宝万之争”这幕大戏局势急转直下。

现在如坐针毡的，不仅仅是王石，还有姚振华，虽然此前后者“赢面”更大，但显得“势单力薄”。

姚振华的前海人寿“被断粮”

证监会与保监会官员公开发表意见的一个星期后，姚振华所拥有的前海人寿保险股份有限公司发了一则声明。

这则声明主要表达了两层意思：一是前海人寿买格力电器的股票并非今年开始的，而是早在2014年就开始了；二是，前海人寿未来将不再增持格力股票，并将择机逐步退出。

前海人寿的这番表态，让人感觉到资本市场的翻云覆雨，发生了许多让姚振华感到担忧的事情。

就在前海人寿发表这则声明当日，发生在恒大这家公司身上的事情更让人感到“山雨欲来风满楼”。

恒大系恒大人寿被暂停委托股票投资业务。

这是保监会派工作组进驻前海人寿与恒大人寿以来，这两家公司展现在外界的变化。

事实上，在证监会主席刘士余与保监会副主席陈文辉对外讲话前后，据称恒大董事局主席许家印已奔赴北京，寻求解决问题的办法。

根据12月9日保监会的最新表态来看，恒大的问题暂时没有严重到不可收拾的地步，不过，未来的局势仍不明朗。毕竟，历史经验表明，什么事情都可能发生。

保监会是这样下发通知的：恒大人寿委托股票投资业务，存在短期频繁大量炒作上市公司股票现象，即日起暂停委托股票投资业务，应当切实整改；整改期间，恒大人寿进一步完善股票投资运作机制，制定并严格遵守资产配置计划；强化风险意识，确保风险管控机构有效执行；经整改后，应当重新提交整改报告，经保监会评估后，方可恢复委托股票投资业务。

在恒大人寿被暂停委托股票投资业务之前，姚振华的前海人寿被暂停了开展万能险新业务。

在保监会下发的监管函件中如此描述对前海人寿的监管措施：对万能险业务存在问题，并且整改不到位的前海人寿采取停止开展万能险新业务的监管措施；同时，针对前海人寿产品开发管理中存在的问题，责令公司进行整改，并在三个月内禁止申报新的产品。对其他在万能险经营中存在类似问题的公司，保监会正密切关注其整改进展，视情况采取进一步监管措施。

这相当于暂时断了前海人寿部分的粮——如果没有新的资金，姚振华在资本市场就不好玩了！如果出现大面积退保，这个问题更加严重。

不过，保监会不会让这样的恐慌发生。

在暂停前海人寿三个月内申报新的万能险产品当日，保监会对外表态称，安排了专项工作组负责万能险账户分拆的整改落实工作，力争在12月30日前完成。

对于万能险产品出现集中退保的担忧，前海人寿态度暧昧地表示，监管的措施属于日常监管范围，不会出现大面积退保；投保人提前退保有损失，不担心流动性问题。

言下之意是，前海人寿并没有被“特殊监管”，尽管派驻了工作组，并提醒投资者：退保有损失。

就在风云突变的12月3日刘士余那个讲话前后，媒体提到，姚振华也进京去进行了沟通，并在72小时（3天）后离京。佐证的证据是，12月1日，姚振华出现在深圳机场，并于12月4日凌晨1点出现在深圳机场。

有趣的是，社交媒体微信朋友圈开始出现“姚振华挺住!”的字眼，不明真相的群众认为，这是民营企业在受到一些非公正待遇。

两天后的12月6日一早，前海人寿对外表示，已严格按照监管要求，暂停万能险新业务，并安排了工作组负责万能险账户分拆的整改措施，力争月底前完成。

变化的市场环境与风险，对于姚振华来说，更像是危急时刻。

在证监会与保监会监管讲话前一两周，全国人大财经委副主任委员吴晓灵公开了一份报告。这份报告无论对于市场，还是参与者、监管机构来说，影响都是深远的。

这份22万字的报告提到，尽管姚振华的宝能系动用了包括银、证、保、信各方面的杠杆资金，但在现有金融监管规则下，并未有任何违规之处。但是，它给监管带来了新的挑战。

这份报告的陈述，宣告了姚振华的“胜利”：在资本市场上，他是一个按规则办事的“土豪”；但另一方面，它给监管出了难题。

尽管媒体一再捕捉到姚振华赴京周旋的点滴佐证细节，但事实是，那几天，姚振华也许有比奔赴监管机构更重要的事情在做：他还在谈更多的生意。

更重要的原因是：他没有明显违规的举动，姚振华因“心里有数”，内心比较淡定。

这不禁让人想起“宝万之争”最火热激烈的2016年9月，姚振华试图转移资料，更换办公地点，原因在于，他一度担心公司的核心资料或机密被盯上或被非法窃取。

那段时期他的不安体现得淋漓尽致：作为喜欢美食的潮汕人，饮了酒与公司的人谈事情时，凡到他办公室前，需要把手机先交给秘书保管，谈完事情后再拿回来。

有时候他甚至会开玩笑说，手机交了吗，并做出摸摸对方衣服口袋的动作。

当然，经济学家、保险业人士以及金融圈的人士并没有闲着，他们各怀心事，各自表达着自己的立场。

支持市场派的经济学家马光远的表态是："中国需要一堂真正的公司法启蒙教育课。很多经营，企业上市圈钱，和资本其乐融融，一旦资本威胁到他的利益，资本立即成了妖精。既然如此，何不退市，和资本彻底隔离？精致的利己主义观点大行其道，令人黯然。"

姚振华在股市上的"兴风作浪"，把持在规则内行事这点还显得特别"乖"，按照监管态度整改，按照监管意思表态，并不故意违拗。而它的"兴风作浪"，又是在监管的规则下创新，这对于中国保险业的改革与探索、资本市场的改革与探索来说，都是一个探路者与样本。

吃瓜群众与网友们开始编段子："'我们是害虫'！强盗、妖精、害人精！市场监管者是正义的'来福灵'！要把害虫杀死！杀死！"

当然，还有更多比这更荒唐的段子在网络上流传。段子的言外之意，是姚振华的前海人寿刚炒黄了"南玻 A"的董事会，又在万科这个资本大戏中粉墨登场，接着，又被传出要拿下"格力电器"。

姚振华这些太过高调的行为，吓坏了股权结构分散的上市公司。太高调意味着太出风头，太出风头意味着被过度关注，被过度关注意味着任何动作与行为都可能被放大。

前海人寿做出了表态，未来将择机退出格力电器。在这则声明中，它还耐人寻味地用这样的字眼来表达退出格力电器的不甘：前海人寿衷心期望中国制造业越来越好，格力越来越好，真诚祝愿格力在"中国制造"走向全球的道路中再创辉煌。

这不得不让人想起从商的规则：尊重目标市场的文化。

这是姚振华的妥协与圆融，以退为进，实际上或则是扮演弱者的强者。尽管姚振华对他的宝能集团的管理风格是“一言堂”——他会认真听取专业人士给出的意见，但对于商业上的判断与决策，他基本心中有数，很难听进意见。

最明显的一个表现是，当市场风云突变时，姚振华仍然在积极争取话语权，他想要对外表达：“宝能给保险公司挣了面子、挣了钱。”

他的潜意识是：在规则的护卫下，他要尽量争取更加宽松的环境。这颇有几分现代堂吉诃德的味道。

前海人寿被暂停万能险前后的那段时间，宝能的人观察到他状态的变化：刚刚从北京回来时还好，接着市场与环境的变化让他感到烦躁，这种烦躁不会表现得很明显，但与他同处一室时，即使隔得特别远，还是能感觉到。

不过，姚振华内心里更感到憋屈的事情在于格力事件：他对外表态说不会再增持格力，并择机退出。未经证实的说法是，在此之前，时任格力电器董事长董明珠曾经给他打电话，表达了希望得到他支持的想法。

如今，姚振华又重新回到了被人登门寻求购买股份的光景——特别是当华润声明把持有的万科 A 的股份转让给深圳地铁集团，恒大声明愿意将持有的万科 A 股份转让后。

姚振华还没有做出什么决定。或许他仍然在等待。毕竟万科的大戏还没有到剧终之时，没有哪一方在此时可以击掌相庆——棋局的形势可能在变化，但围绕这个局的各方除了华润外，并未退场。

市场众生相：罗生门

12 月 11 日，恒大一位中高层管理者终于在这个周日迎来了休息时间。

见到我时，我问他是否很忙，特别是这个阶段。

他的回答是，也没有特别的，不过今天的确是完全休息下来了。

他问我对最近“宝万之争”的市场变化有没有什么消息，比如，他感觉到最近市场环境发生了变化。

“王石公开表态说，‘凡是要超万科的，最后真正的下场都不太好。’我们听得好被动，觉得他这是公开喊话，态度好强硬。”他说。

12 月 10 日至 11 日，北京大学汇丰商学院举行了经济论坛暨 EDP 年会。在这个年会上，王石公开做了上述表态。这被解读为“恶毒的魔咒”。

北京大学汇丰商学院院长海闻在“宝万之争”爆发时，向万科的董事会提交了辞任独立董事的辞呈。在新的董事会改选之前，虽然已经提交了辞呈，但海闻还不得不履行他的职责，这是上市公司的规则决定的。

大约差不多时候，《财经》杂志在海南三亚举行了财经国际论坛。在这个论坛上，银监会原副主席蔡鄂生也参与了。

作为监管机构的老牌管理者，他对“宝万之争”也发表了自己的看法。他说，他问过香港的一家保险公司，能不能像内地的保险公司这样做。他指的是宝能集团、恒大系以及安邦保险等的举牌。这位保险公司的人士说，他们想做都做不了，为什么内地可以做，值得考虑。

这番言论在市场上广泛传播，与最近关于一行三会的监管机构的密集表态有些时点上的巧合。

蔡鄂生总体言论想要表达的是，按照现有监管，是可以知道资金（比如姚振华的宝能系）从哪里来，但有些问题为什么不能及时得到纠正或引导，这就需要更高层面的监管改革了。

“从程序上讲，可能每一个环节都没有问题，放在单独部门衡量也没有问题，但串联起来问题就出现了。如何重新设计监管机构，使得金融机构的行为从底层到顶层串联起来，不存在问题，值得考虑。”

从蔡鄂生的态度来看，他认为监管机制的改革势在必行。

不过，他没有把重点落到姚振华宝能系的运作上。

这和监管的总体意思并没有太大的差别。

市场上没有更多关于恒大系的进一步消息传出来。

从恒大人寿被暂停委托股票投资业务来看，情节与后果显得扑朔迷离。

一天后，中国国家通讯社——常常被看作官方态度的新华社，发表了一篇文章。提到监管层出重拳，并非要将保险资金入市一棍子打死，而是因势利导，通过让个别不听话的保险机构变乖，巩固整个行业来之不易的向好局面。

此话一出，市场替保险公司的拥有者与执掌者松了一口气。

有趣的地方在于，社交媒体微信朋友圈上，有人居然写到：姚振华挺住。

不过，姚振华并没有因为市场上迷乱的舆论信息而影响到手里的生意。正如前面提到的，姚振华在香港有资本运作的平台，如今，这个平台正在发挥它的影响力：买入郑州银行。

截至 2016 年 12 月 6 日，宝能集团持有的郑州银行 H 股股份比例，已经超过 13%，占郑州银行全部已发行股份的 4.25%。

也就是说，稍不注意，宝能就会对郑州银行持股超过 5%。

宝能是通过前面提到的与姚振华的弟弟姚建辉有关联的中国金洋来间接持有郑州银行的。

中国金洋集团子公司，China Goldjoy Securities Limited，原名中国银盛证券有限公司，从 2016 年 11 月 30 日以来，连续四次增持郑州银行。

从郑州银行 H 股的股益（股权变化）变化来看，宝能集团的前高管、现高管，都有人出现在权益变动名单中。

更让人对姚振华的资本运作能力感到震惊的在于，他正在减仓浙商银行。

宝能集团从二级市场买入万科股份时，浙商银行在一开始扮演了重要角色。直到“宝万之争”爆发、姚振华的资金来源被曝光后，市场对姚振华宝能系“野蛮人”的称号，对杠杆收购的威力的震慑，对险资举牌的资金来源风险的担忧，让浙商银行承受了巨大的压力。

2016 年 3 月，浙商银行在港交所上市，姚振华与姚建辉都有股权关系的金洋集团曾经认购过它超过 1% 的股份。

到 2016 年上半年结束时，金洋集团仍然持有超过 5% 的浙商银行的股份，但到了 2016 年 11 月中旬，金洋集团旗下的银盛证券居然清空了浙商银行的股份。

这是姚振华系的资本运作。

当然，这只是姚振华系在香港的金控平台可见的动作之一。从金洋集团持有的金融机构的股份来看，接下来，姚振华系可能正在布下一盘招高而隐秘的棋局：金洋集团有五家附属公司，分别是银盛资产管理公司、银盛证券、银盛财富以及宏基金融投资和宏基信贷。

从这些公司名字来看，它涵盖了资产管理、证券、财富管理以及投资和信贷牌照。这也透露出，在对万科股权收购中，姚振华系可能感觉到了掣肘：如果与金融机构合作，随时可能会面临“临时”情况，与其如此，不如自己拥有这些公司。

可以佐证这一点的是，金洋集团间接持有这五家公司超过 50% 的股份，这意味着姚振华系控股他们，对他们有绝对的话语权。

这是姚振华的一盘大棋。

可是，恒大系的许家印，并不是一个会轻易出局的人，从他在市场上近 10 年的浮浮沉沉来看，他具有化解危机的能力。

至于时任万科董事长王石，对于万科控制权的未来，则显得无可奈何。

在市场声音密集的 2016 年 12 月 12 日，万科 A 的股份迎来新一波的暴跌：截至当日收盘，跌去了超过 6%。

对于小散户来说，这是万分煎熬的一段时期。

对于“宝万之争”的任何一方来说，又何尝不是。

董事会狂想曲

现在是该进入董事会猜想的时间了。

从 2016 年 9 月开始，一个关于 2017 年 3 月董事会改选后万科结局的故事便开始流传：

阿里巴巴集团董事会主席马云任万科名誉董事长，恒大许家印出任万科董事长，万科现董事长王石则出任万科首席顾问，郁亮继续担任万科总裁。

这个超过 150 万阅读量的段子，之所以如此激发人们的好奇心与关注，是因为提到了几个关键人物：马云、许家印与王石。

马云之所以可能与万科的局联系起来，源于马云曾经用淘宝平台投资了恒大系旗下的恒大足球，他们常常一起出现在恒大淘宝队比赛的观众席中。

郁亮在结局猜想中的职位没有变化，源于不久前，郁亮与恒大高管一起出席一个活动时，双方聊得热火朝天，引发各种猜想。

在这个故事中，宣布各自职位时，主席台前就座的嘉宾，有华润集团董事长傅育宁，万达集团董事长王健林，曾担任恒大排球队主教练、现任中国女排主教练郎平，宝能集团实际控制人姚振华，与恒大共同合作过项目的腾讯董事局主席马化腾，百度董事局主席李彦宏，凤凰董事局主席刘长乐，还有演员王宝强等。

尽管大家都知道这是个段子，但万科还是史无前例地进行了回应：这是谣言。

为了更好了解万科的最终结局，有必要对万科的持股情况进行对比分析：

截至2016年底，宝能集团姚振华持有万科A的股份超过28%；华润集团超过15%；万科管理层与合伙人计划超过10%；许家印超过9%；安邦超过6%；股灾救市时，证金持有万科约5%的股份，万科H股占比超过10%。粗略算下来，万科在外流通的股份，约为20%。

从持股量情况来看，姚振华如果与许家印组合（算上香港的富豪），合计持股量可能接近40%；华润集团与万科管理层（算上黑石）、安邦，合计持股量约为35%。

接下来的变数是，后者组合会否继续在二级市场增持万科？华润集团会与万科管理层站在一起吗？前者组合，姚振华与恒大会站在一起吗？

现在可见的变化是，华润集团已经将持有的万科A转让给深圳地铁集团，深圳地铁会成为万科A的终极大boss吗？

他们都有自己的算盘。

为了进一步阐释自己不是一个投机者，缓解市场对于姚振华控制万科后对万科可能存在负面影响的质疑，姚振华在公开场合发声。

他说，宝能集团不追求二级市场的短期炒作，要成为长期坚定的战略投资者、基石投资者，支持上市公司的长期发展。

他对宝能集团的定位，是构建起以实体为支撑、以金融为纽带的产融结合大型企业集团，业务涵盖综合物业开发、科技园区经营、综合金融、物流园区、民生健康等板块。

不过，姚振华绝非一个没有故事的潮汕人。对于万科，他不是温柔一刀，而是等待猎物入口，他刚刚才把这种玩法用到南玻A这家上市公司上。

2016年11月15日，南玻A董事长曾南、董事兼CEO吴国斌等7名高管向董事会提交了辞职报告，接下来，董秘丁久如、独立董事张建军与杜文君也提交了书面辞职报告，算下来，南玻A已有约10位高管宣布辞职。他们给出的原因是宝能集团步步紧逼，故意刁难，管理层对未来失去信心。

与“宝万之争”同一年，宝能集团通过钜盛华、前海人寿两大核心平台，从二级市场买入南玻A，并通过定增等方式，登顶南玻第一大股东的席位，持股比例超过24%。

南玻是一家曾经与万科、招商系和平安等具有相似声望与市场地位的公司，但这家公司的最大弊端和万科一样，是股权分散，在宝能系偷袭的前一年，其最大单一股东持股比例仅为3.62%。

获得第一大股东地位后，姚振华从南玻A九个董事会席位中获得了三个席位，超过南玻公司高管的席位。从南玻公司管理层与独立董事辞任的局面来看，南玻公司管理层正在失去对这家公司的控制，而姚振华却正成为南玻的“新势力”。

不过，这对于南玻A与资本市场来说，兴许意义非凡，改善上市公司治理结构，事实上也离不开新股东与新董事的进入。

一份资料显示，在南玻集团与其子公司相关的多项股权交易中，南玻集团前高管赵得翔、龙炳坤等南玻集团前高管之关联人士在境外设立了持股公司丰威实业有限公司和信邦投资有限公司，而时任南玻集团副总裁张柏忠则从南玻集团离职，设立深圳市前海瑞南投资企业。

而后，丰威实业、信邦投资和前海瑞南合资设立了咸宁丰威，注册资本为7200万元。2016年5月，即距离咸宁丰威成立不到一年，南玻集团以远高于注册资本的价格，收购了这家公司100%的股权。股权交易结束后，张柏忠回到南玻集团任职。

这份资料中提到，南玻集团前高管安排了咸宁丰威的设立、变更以及高价出售给南玻集团的交易。南玻前高管甚至还签订了对赌协议，但并未披露，并对此进行了会计处理。结果是，南玻集团2013年利润增长了7亿多元，因这些增长的利润，前高管从上市公司获分业绩奖金。

对赌公司的业绩下滑触发了补充协议中的回购条款，南玻集团于2016年以远高于市场价格的对价，回购了其于2013年转让予收购方的全部股份，这笔交易将可能导致南玻集团利益受损。

这份资料中提到的故事还包括，南玻集团曾经收购过一系列公司，比如，转让方为南玻前高管赵得翔控制的东莞南玻太阳能玻璃有限公司25%的股权，赵得翔曾担任转让方股东与董事的广州南玻玻璃有限公司25%的股权，与赵得翔亲属相关的人曾担任过股东与董事的深圳南玻伟光导电膜有限公司，南玻前高管龙炳坤曾控制的成都南玻玻璃有限公司25%的股权、四川南玻节能玻璃有限公司25%的股权等。

这些交易被专业人士称为“内部人控制”。不过，这份资料提到的细节与交易，以及这些公司及交易与南玻集团的关系如何，是否存在利益关联，尚无证据显示，不得而知，也并未从南玻集团前高管处或者相关方得到证实。

这是姚振华入驻南玻A后面临的局面，如果没有姚振华，南玻A可能还是过去那个南玻A。

这是资本市场的故事，残忍、现实而唯利是图。

等待万科的结局会是如此吗？

和王石同时代，或者差不多同时代的，在资本市场赫赫有名的高管们正在谢幕：那个曾经试图拉拢的中海地产，总裁郝建民在2016年11月15日卸任了；在格力集团工作超过25年的董明珠卸任了董事长职位；华远集团前董事长任志强退休了……

接下来会是王石卸任吗？

佳人在侧，稚子入怀，敌人灰飞烟灭，英雄忧患始而安乐终。这是奇迹，还是天地的无言之爱？

当那一天到来时，王石是否会想起，在纽约那个飘雪的夜晚，二手书店的斜坡上，他拉着一台平板车，在橘黄色灯光下，笑得直不起腰；另一侧，田朴珺在地上拾捡散落一地的旧书，望着开怀大笑的那个男人。

时间的年轮里，把记忆定格在哪一帧？是他人生电影中最精彩的一幕、最甜蜜的一幕、最愤怒的一幕，还是最开心的一幕？这些，都将沉入时间的年轮里，落入尘埃，化为乌有。

第十章　王石谢幕、许家印转身，姚振华呢？

尽管已经做好心理建设，但姚振华还是感到无可奈何——中国恒大已经把持有超过万科总股本14%股权的表决权转让给了深圳地铁。除此之外，恒大还把这部分股份抵押给了中信证券，如果不出意外，一年抵押时限结束后，深圳地铁将从中信证券处买入这些股份。

这是最接近万科股权之争结局的标志性事件。

大约两个月前，华润集团把持有的万科A的全部股份转让给了深圳地铁。转让举动，意味着华润集团已经退出万科股权之争这幕大戏，悬念停留在深圳地铁、中国恒大、宝能集团、万科管理层以及安邦集团等的角力中。

如今，中国恒大出乎市场意料，又在姚振华与宝能集团预期之中，将股权所代表的表决权转让，将万科股权之争定格在深圳地铁与万科管理层控盘的格局中。

万科将不再是以前的万科。

不再是15年前的万科，华润集团做大股东的万科。

不再是30年前的万科，王石创立万科前身时的万科。

而是2017年3月以后的新的万科。

维持万科15年独立格局的大股东与管理层模式可能终结。

万科的董事会将进来陌生人，不受创始人王石与万科管理层完全掌控的陌生人，一个新的制衡的格局正在形成。

这对万科来说，是一个新时代。过了而立之年的万科，正日渐成熟，越来越接近资本市场治理模式下的规范化运营，担当起000002的股票代码所赋予的历史意义。

不过，万科的未来走向，却正因董事会的架构而变得具有不确定性。无论深圳地铁，还是万科管理层，他们各自在董事会中的席位与话语权，决定他们能通过董事会，多大程度上对万科未来的规范治理与发展施加影响力。

一个可以确定的因素是，万科管理层有多大影响力，取决于他们与董事会中各方的沟通能力、经营与盈利能力以及管理能力。

这是一个时代的结束。

万科正在告别过去，告别王石，告别万科30年来的管理模式，走向未来。一个崭新的万科将如何打开新的局面，将由深圳地铁与万科管理层的博弈与妥协来决定。

这对姚振华算不上最坏的结果——他最初的梦想实现了：代表股权的权力意志在资本市场正逐渐得以体现，尽管并不完全如他之意，但通过“宝万之争”，人们意识到，一个新的资本市场时代正在到来。

至于越走越远、越走越宏大的未尽的梦想，他曾对外公开表示“不是他的初衷”。如果能实现，是梦想成真；如果不能实现，很失落，平静接受。

从当前的局面来看，对姚振华来说，已经没有更坏了。

商业世界多少有点成王败寇的味道，却没有终点，未来依然无可限量。

对万科股权之争当下格局的变化，姚振华的无可奈何，比中国恒大表示要把表决权转让给深圳地铁来得更早——从前海人寿的万能险业务在2016年底被暂停开始，之前那些雄心壮志与雄心勃勃，就必须面对冰冷而严酷的事实。这就是市场，这就是商业，这就是瞬息变化的世界。

不过，更令姚振华感到不安的，是整个保险业的环境。新规的颁布，不仅关系到姚振华与他的前海人寿，还关系到每个身处保险业中的公司。

一些极端的担忧是，保险业将因此进入严谨的规管阶段，它的代名词是保守与束缚住手脚。

这是保险公司所担心的。

在与朋友们的聚餐上，亦或聊天中，保险公司的高管们面露担忧的神情，他们试图向外界传达更多的声音：不能因噎废食。保险资金对于资本市场的重要性不能被忽视，不能因为姚振华的举动与行为，让整个行业陷入前所未有的被动中。

宝能集团的人评价姚振华当下的感受时，用“他可能感觉很不甘”来形容，眼下的局面并不是他想看到的。

一些保险公司的高管聚在一起，他们试图想办法，让市场看到保险公司对于上市公司治理结构改善起到的关键性作用。

一些试图在资本市场买入蓝筹股或进行并购的保险公司，正在延长他们做出决定的时间。他们不想在这个时候显得太张扬：保险业经不起太多更热辣的关注。

保险业的市场温度正在降下来。

姚振华郁郁寡欢。

从 2016 年底证监会主席刘士余关于险资的运用与“妖精”的讲话后，见过姚振华的人，用“他整个人蒙了好一阵才缓过神来”形容他的状态。

对姚振华来说，一切来得太突然。

合理的感受是，就像突降而至的噩耗，从一开始的震惊、担忧、委屈、抗争、难以接受，到面对现实、积极振作，姚振华亦经历了这样一个过程。尽管，他的内心很强大，对于现状也并不是没有想象过，但毕竟，当这一切到来时，他还是需要回到现实中来。

在已然如此的现实中，他需要争取更多的空间，一方面是截至 2017 年 3 月 31 日事实上第一大股东的董事会席位，另一方面是对价数百亿元已买入的万科股份的未来安排。

万科的股权格局成为已然的事实。姚振华与宝能集团不仅拥有万科 A 的股份，还有南玻 A，还有宝能集团买入的其他上市公司股份。

接近宝能集团的人提起，姚振华正憋足一口气，想向市场证明：宝能集团所做的事情，所购买的上市公司的股份，对这家上市公司的积极作用，对上市公司治理结构的改善。他不想“歪曲”地被定义为“野蛮人”，他想证明在做的事情，是在推进保险资金创新性运用的广度。他在探索保险资金运用的更多可能性。

比如，南玻 A 管理与运营。用了解“宝万之争”的人士的话来描述，就是正在对南玻上一届董事会与管理层运营中余留下来的问题进行“整治、纠偏与补救”，尽管这么做对姚振华来说有点矛盾——如果一些问题处理不当，可能引起南玻 A 股价的变化，这意味着他的投资资产将经历波动。

但眼下他必须这么做。为了证明保险资金对上市公司的积极意义，为了证明他不是个野蛮人，为了证明他所经历与遭遇的过去两年。

至于万科，董事会席位的争夺，却才刚刚开始。

万科管理层如何与深圳地铁博弈，赢得更多的自主权，是个未知数。深圳地铁手握中国恒大委托的投票权，决定了它可能在董事会席位中的力量，但这并不代表深圳地铁等同于过去的华润集团。

一个悬而未决的问题是，华润集团此前持有而又转让给深圳地铁的股份所代表的投票权——转让期界满后，深圳地铁才能拥有华润集团转让的股份的投票权。

时任万科董事长王石呢，他会在这届董事会中退任吗？郁亮会在万科的管理中扛起王石的重担吗？姚振华呢，是在万科的董事会中发挥作用，还是慢慢退出对万科的投资，隐身于资本市场，等待新转机的到来？

这是王石与姚振华的故事。这是万科与宝能集团的故事。这是中国资本市场开启新一页的故事。这是王石的英雄主义、爱情与商业博弈，亦是姚振华的理想主义与商战。

姚振华禁入保险业十年

“有没有××上榜？”

2017年2月24日下午，一位保险公司高管问我。

大约半小时前，时任前海人寿董事长姚振华被中国保监会撤销任职资格并禁入保险业十年的消息铺天盖地地传开。

2017年春节上班后，保险公司的一些高管忐忑不安，他们静观事态的变化，以决定2017年该如何开展业务。

“恒大人寿怎么处罚的？”他接着问我。

由于在开会，他不方便上网。尽管之前已经有消息传出，但正式的消息，还是在2017年2月快要结束、“两会”快要开始前公布了。

春节前监管机构的严厉讲话让市场猜测，前海人寿与恒大人寿都可能被顶格处罚。但更了解事件发展前后缘由的人，倒显得淡定许多：如何把握好尺度，对监管机构是一种考验。

这种尺度体现在，维护市场规则与公正的前提下，让保险业与资本市场都更平稳。

对姚振华与宝能集团如此。

对许家印与姚振华如此。

对王石与万科亦如此。

不过，身处其中的他们，各有其忧，各有其味。

姚振华被禁入保险业十年；恒大人寿限制股票投资一年。这是轰动全球的中国式险资搅动资本市场的阶段性进展。

谁的万科？

不是姚振华的万科。这点在2017年春节前已然显现出迹象。

2017年1月24日，离中国传统春节还有几天，中国保监会发布了一则《中国保监会关于进一步加强保险资金股票投资监管有关事项的通知》。

对照姚振华的宝能集团对万科股份的买入：宝能对万科股份的买入，主要通过宝能集团的钜盛华与前海人寿来实现。

通知中有这样一条："保险机构收购上市公司，应当使用自有资金。保险机构不得与非保险一致行动人共同收购上市公司，不得以投资的股票资产抵押融资，用于上市公司股票投资。保险机构与非保险一致行动人共同开展重大股票投资（请注意是投资，不是收购。重大股票投资，是指达到或超过20%，未拥有上市公司控制权的股票投资行为），经备案后继续投资该上市公司股票的，新增投资部分应当使用自有资金。"

根据这条来对应，前海人寿与钜盛华共同收购上市公司可能存在障碍。

宝能集团可以通过前海人寿收购万科。如果姚振华通过前海人寿收购万科，需要将钜盛华持有的万科股份卖给前海人寿。

前海人寿要收购钜盛华卖出的万科股份，必须使用前海人寿自有资金，这对前海人寿来说，是个挑战：姚振华之所以通过钜盛华买入万科股份，正因为依据险资投资股票的规定，前海人寿对万科股份的投资份额已经用到了当时情况下的极致，前海人寿还没有办法单独吞下万科。

钜盛华与前海人寿可以共同投资万科，但钜盛华与前海人寿不能把万科的股票抵押进行融资，来投资万科股份。即使钜盛华当时买入万科的股份，也是引入9个资管计划后才得以实现的，其中就包括将万科的股票进行抵押。

接下来，如果钜盛华与前海人寿共同投资万科达到或超过20%，需要备案。如果要继续投资万科，超过20%的部分，新增的投资要使用钜盛华或前海人寿自有资金。

如果姚振华要继续保持对万科现有的持股量，不考虑其他因素，超过20%的部分，需要以自有资金替换。20%以内的部分，抵押的万科股份需要解押。

再对照新规中的“除上市公司收购及投资上市商业银行股票另有规定情形外，保险机构投资单一股票的账面余额，不得高于本公司上季末总资产的5%。对于已经运用相关政策增持蓝筹股票的保险机构，应在两年内或相关监管机构规定的期限内调整投资比例，直至满足监管规定的比例要求”。

前海人寿对万科单一股票投资的账面余额，需要在两年内调整到上季末总资产的5%。要达到这个要求，途径是前海人寿的总资产在两年内保持增加，达到监管规定的要求，还有一个办法，是调整对万科股份的持股份额。

按照2017年1月24日的新规，对照前海人寿与钜盛华对万科股份的持有情况来看，姚振华的宝能集团收购万科的可能性正在降低，即使姚振华分拆钜盛华与前海人寿上市，时间也不站在他这边。

依据姚振华最初的想法——对万科进行财务投资，如果要继续保持对万科超过20%的投资份额，姚振华最缺的就是钱了。

怎么解决钱的问题，是姚振华最初买入万科A开始一直在面对的问题。引入资管计划、抵押融资等一系列金融工具完美的运用，以实现对上市公司的投资直至收购，在2017年1月24日之后，已为包括姚振华在内的险资关上了大门。

这扇门兴许从未打开，只不过，一个可能打开的梦想，曾经在2015年至2016年间照耀在了宝能集团姚振华的梦里。

谁的万科？

不是中国恒大董事局主席许家印的万科。

即便那些光不在姚振华的梦里，也曾照耀在中国恒大董事局主席许家印的梦里。

姚振华被禁入保险业十年的处罚落地后一天，中国保监会对恒大系的恒大人寿的处罚亦落地：恒大人寿被限制股票投资一年。监管机构给出的原因为：2016 年 1 月至 11 月，恒大人寿未按照保险资金委托投资管理要求开展股票投资，股票投资交易 2480 笔，股票平均持有期 73 天，其中 9 月下旬至 11 月上旬短期炒作相关股票造成恶劣社会影响。

还有其他原因吗?

从监管机构进驻恒大人寿开始，也许市场上没有哪一家保险公司比恒大人寿更紧张的了，许家印至少清楚发生了什么。限制股票投资一年，对于恒大人寿与许家印来说，兴许已是坏消息中更好的结果，可能是最好的结果。

中国恒大甚至对外表达，他们只是在关键时刻挽救了万科股票的下跌、姚振华爆仓的可能性，保持了资本市场的稳定性，并一直没有表明买入万科股份的目的。

将持有的万科股票表决权转让给深圳地铁时，中国恒大向外透露，他们已经表明了自己的想法：支持深圳地铁以及万科管理层，为万科股权之争画上句号。

可是，你才不是没有故事的许家印和没有梦想的中国恒大。如果时间与趋势站在许家印这里，会不会是另一番景象呢？就像姚振华才不是没有故事的男同学。

谁的万科?

深圳地铁与万科管理层的万科，王石的万科?

深圳地铁是一家由深圳市政府国资委直管的国有独资公司，业务主要集中在与地铁相关的产业链上，成立于 1998 年，晚于万科成立时间。值得注意的一点是，到 2016 年底，深圳地铁的注册资本约为 440 亿元，总资产 2685 亿元，净资产 1784 亿元。

现在可以好奇的一点是，深圳地铁将以什么样的方式买入华润集团持有的超过万科 A 15% 的股份。如果以转让价格 22 元每股计算，这将耗资 372 亿元。

从购买的意图来看，深圳地铁的主营业务将包括住宅开发。这一做法，似乎与前几年要求的大型国有企业退出房地产开发有些背道而驰。

如果深圳地铁还将买入恒大持有的万科 A 超过 14% 的股份，同样的问题是，钱从哪里来？接下来的问题是，成为万科单一大股东后，深圳地铁将专注于房地产业务的开发吗？深圳地铁的主营业务不再是地铁相关业务吗？如果不是，深圳地铁将专注于做投资吗？如果万科的股价下跌，或者营收下滑，谁来替这笔折价买单？

作为一笔巨大投资的投资者，深圳地铁与万科管理层将如何分工？深圳地铁只是财务投资者角色，还是要改善万科这家公司的治理结构？他们与万科董事会如何各司其职，这是王石想要的理想大股东吗？

“老王失算。”一位深度了解“宝万之争”的人士如此评价万科与深圳地铁的合作。

如果万科是深圳地铁的万科，那还是王石的万科吗？如果万科是王石的万科，那会是深圳地铁的万科吗？从深圳地铁此前关于“对赌”这一说法的貌合神离来看，深圳地铁与万科管理层的蜜月期，是否开始？

这是充满变数的万科。即使没有姚振华，过去的万科，已然过去。

未来呢？

在可见的未来里，接下来的董事会席位变化，将具有决定性意义。

180 天，6 个月，半年，一个时代的开启

万科管理层在 2016 年业绩会上用“内外部风起云涌”来形容 2016 年。

业绩会发布这天是 2017 年 3 月 27 日。

这是万科董事会改选初定的日期，但显然延迟了。

有人在业绩会上问时任万科总裁郁亮：“王石会卸任吗？股权之争事件彻底解决的标准是什么？”

郁亮的回答充满了技巧，他说，“太多八卦之心，我们不是都要回复”，“你不问这个问题，我们就解决了”。

现场的 PPT 上，出现了这样一行字：“换届方案正在酝酿当中，一旦成熟，将立刻启动换届。”

眼下，2017 年春天，万物复苏，春暖花开，人们的眼光齐整地转向了那个既定的日程：3 月 27 日，万科董事会原本计划的可能改选的日期。

不过，说好的改选并没有到来。

在既定日程的 3 天前，万科的确召开了董事会，但没有和改选相关的话题。

这意味着，万科的董事任期已经到期。

万科没有向外界解释改选迟迟没有到来的原因。

“他们在拖，等到深圳地铁接手华润转让的万科股权 180 天后，有了提名权再说。”一位知情者这样评价。

一个疑问是，万科管理层亦或深圳地铁，为什么不向华润集团去要投票权的全权委托，就像恒大把持有的股份的投票权转让给深圳地铁一样？

“拖字诀。”他说，“这是万科管理层面对当前的局面所采取的策略。”

大约在 2016 年秋天，我问过接近“宝万之争”的人一个问题：如果万科管理层延迟 2017 年 3 月的董事会改选，宝能集团以及姚振华该怎么办时，他曾这样对我分析：“那只能说他们要流氓。董事会的任期延期，所做的决议将无效。”

如今，这一切正在发生。

不过，一位公开姓名反驳此观点的法律人士说，这并不违法，他举例说，当前中国 A 股市场有 40 多家上市公司的董事会改选都在延期，前提是董事会的替代人未选出，如果选出，又是另外一种情况：的确无效。

姚振华呢？

自从被罚禁入保险业十年后，他变得异常安静与低调。

他对现在的局面也不是完全没有预期。

2017 年春节后，一些消息已经在市场传开，大意是深圳地铁将成为万科的大股东。此时，华润集团刚刚宣布将持有的万科股份转让给深圳地铁。即使以华润集团的持股量来计算，也仅为万科的第二大股东，至于为什么会传出深圳地铁将成为第一大股东，这的确是个好的问题。

宝能集团的管理层与姚振华默默地看着这一切的发生。

他们很注意这些细节的发生。

观察着市场上的变化。一举一动。

他们现在能做的很少。

除非董事会改选的日程发生：依据持有的股份数，姚振华总能做些什么。

当人们都认为姚振华过分安静时，接近“宝万之争”的人士分析：wait and see。听起来，更像是走一步看一步的意思。

最新的变化是，姚振华宝能集团旗下的钜盛华，正在做一系列解除质押与质押回购式质押的事情。这有点像姚振华解除了钜盛华质押给一个机构的万科股份，又质押给另外一个机构。

需要注意的是，钜盛华2017年4月28日最新一笔质押回购式质押的对象是中信信托有限责任公司，而中国恒大持有的万科股份，在不久前质押给了中信集团旗下的中信证券，中国恒大还把万科股份的投票权转让给了深圳地铁。万科的股东大会定在了2017年6月30日召开。

万科的故事还没有剧终。

王石会不会轻易离开。姚振华尚处壮年。滚石计划的2016，被定格在了中国资本市场发生根本性变化的元年。

就像阿里巴巴集团推出的余额宝对于银行业的意义。

一切都是为了打开一扇门。

万科的故事，像一部魔幻现实主义的商业巨制剧。

这个局中局，就像一面镜子，反衬着一个资本市场的新时代。

剧终：散开的枝丫——王石谢幕，姚振华缺位董事会，恒大离场

“宝能猫冬。”

这是万科对外公布董事会提名的2017年6月21日。在提名名单中，没有了时任万科董事长王石的名字，亦没有宝能集团姚振华的任何席位。

就在几天前，中国恒大把持有的万科股份悉数转让给了深圳地铁集团。至此，中国恒大正式退出轰轰烈烈的“宝万之争”。

而了解恒大人寿的人士提到，恒大人寿已陷入了一种尴尬境地——一年的时限没到，它还不能重启股票投资。这对恒大人寿来说，就像停止了飞机

发动机的引擎。

尽管恒大人寿已经想尽办法体现“悔过”改正错误的诚意，但最大的诚意，莫过于更加低调。如果一定要找一种方式，退出“宝万之争”至少算得上。

姚振华没有对万科新一届董事会提名提出异议——按照持有的股份数，理想状态下，它可以获得三个董事会席位。

接下来，姚振华的想法是怎样的呢？他会转让股份，彻底退出万科吗？

截至2017年6月21日万科公布董事会提名人选时，姚振华也没有做出是否退出万科股份的决定，他还是想顺势而为，走一步看一步，尽管至少六七个月前，已经有机构“络绎不绝”地登门谈他持有的股份转让事宜。一方面可能是价格，另一方面可能是不甘心，至少在2017年年中时，姚振华还没有做出决定——“宝万之争”让他“一战成名”，“姚振华”几个字给2014—2017年的资本市场留下了深刻印象。在A股加入MSCI、中国资本市场迎来更好发展机遇，以及越来越多融入国际市场的当下，这至少不是个坏消息。

一个疑问是，2017年7月，姚振华引入的资管计划将陆续到期，他将如何应对赎回潮？这是个待解的问题。可以提供参考的是，据称就在不久前，他刚刚花了约百亿元资金，投资了一家电动车公司，看起来他“手中有粮”，亦或，看起来至少在钱方面，他能想到更多办法，尽管前海人寿的万能险被暂停，就像被伤了一条手臂。

这对中国恒大是一个好的结果吗？

也许是最好的结果。

无论如何，中国恒大都打了一手好牌。许家印是一个玩牌的高手，他总能适时亮出手中的牌，给他赢得更好的空间，进退有据。

中国恒大以18.8元每股的价格把持有的万科股份转让给了深圳地铁，这个价格比华润集团转让万科的股价低了几块钱，以此计算，中国恒大丢失了很大一部分利润空间。

中国恒大是一家商业公司，它真的愿意做亏本的生意？

未必。

中国恒大正在谋划从香港退市，回到内地上市。不久前，这家公司陆续引进了700亿元资金，用于其扩大股份，回到内地上市。

需要说明的是，这700亿元资金，由21家公司投资，其中有10家来自深圳，这10家公司投资了700亿元中的415亿元。这10家公司的名单中，出现了深圳市国资委旗下的全资公司深业集团有限公司控股子公司的名字。还需要提醒的一点是，恒大正试图在深圳迎来更多的发展空间。

另外一个对比是，因回归A股与引入战投的消息，让这家公司的股价，从每股五六港元一路飙升到2017年6月30日的每股超过14港元。转让持有万科A股份后，市值飙升到1835亿元。对中国恒大老板许家印来说，转让万科A的利润受损，孰轻孰重，显然不必为外人道。更何况，回归A股后，它还将迎来更好的资本市场表现预期，以及它还要致力于在深圳获得更多的发展。许家印的做法，体现出了他作为生意人的秉性与格局。

在2017年6月30日举行的万科2016年年度股东大会上，亦即董事会换届选举的投票大会上，有人在现场问道："深圳地铁前海两块地将来给谁，万科还是恒大?"

作为万科新提名董事，时任深圳地铁集团董事长林茂德回答说，项目很多，不要只盯着这两块地。

这两块地，万科管理层原本计划用发行股份的方式去购买，以引进深圳地铁作为大股东，但后来因为可能稀释持股股东的股份而让他们的利益受损，无法在"宝万之争"中获得各方通过。2017年初，深圳地铁与万科宣告结束这种合作方式。

接下来的解决方案是，深圳地铁向持有万科股份的股东协议购买股份，它相继购买了华润集团与恒大转让的股份，成为万科第一大股东。在这个过程中，如何平衡转让股份的股东的利益，是深圳地铁与万科需要考虑，以及要做和所做的工作。

这里想说明的是，为什么股东大会上有人会问到深圳地铁前海两块地将来给谁这个问题。恐怕提问的人，至少看到了中国恒大转让万科A股份需要获得商业回报的可能性。

万科新当选的董事长郁亮是这样回答这个问题的。他说，伸手要钱是可耻的。他毫不怀疑深圳地铁会拿出更多资源跟万科合作。

这是新晋大股东对万科支持的可能性的展现吗？

未来之所以是未来，是因为它有太多的不确定性。

唯一可以确定的是，万科以551亿元拿下广东省广州市广信房地产旗下的拍卖资产，这些核心资产是位于广州市核心区域的16宗可开发土地。

这是寸土寸金的广州老城区，吸引来的还有保利、越秀、碧桂园、中海以及华润等多家房企的目光，但拿下的是万科。

有市场分析认为，万科可能正在通过并购的方式扩大规模，提升它在房地产业的竞争力。这说明，“宝万之争”对万科这家公司来说，并非如所谓“野蛮人”要破坏万科这家公司那般过于耸动的唯一经验，它给万科带去实实在在的好处，还有万科的管理层总是需要根据变化的市场，来做出尽可能更优的决策，哪怕是不太常用的并购方式。

如若此，这对宝能集团是坏消息吗？

当然不是。

万科市值的提升，行业地位的巩固，盈利能力的提升，对作为第二大股东的宝能集团来说，当然是好消息，无论怎么看，宝能集团姚振华对万科的投资也好，并购也好，都是一个优秀的决策，一个好的投资。这是在险资做过投资总监的看法，他对姚振华的这笔投资竖起了大拇指。当然，这也是房地产业高管的看法，毕竟过去万科证明了自己是一家好公司。

对于中国资本市场来说，“宝万之争”可以看作是一个标志性事件。宝能集团从二级市场对万科A股份的收购，打开了资本市场走向更加市场化与更趋成熟的大门，把万科带入一个新的时代。

你看，广州基金与均瑶集团关于爱建集团的故事亦正在资本市场上演。一个逐利的市场，不能乱哄哄毫无规则，但也不能一潭死水。这是资本市场的一扇门正徐徐被打开。一个变化的、崭新的资本市场。

在2016年度股东大会，亦即董事换届选举的2017年6月30日下午，最落寞的一个人，莫于过万科董事会换届前的董事长王石。

他在现场让大家给新董事长郁亮鼓掌。

他的心里可能像打翻了的五味瓶，滋味万千。

那些万科走过的“君万之争”“宝万之争”，还有30多年来的情景，会否在他的眼前浮现，像故事一样，一幕一幕。他甚至坦言，一个半月前，他才做出不在新一届董事会中提名的决定。这是一个让人觉得高大而又伤怀的“年轻的老人”。

王石的女朋友田朴珺在这天下午以“哈瓦娜呐”的微博名发了一条微博：“对于现在的我来说，就是不疾不徐，不偏不倚。守护你，也成全自己。”

如果田朴珺算得上懂王石的人，从她的言语中可以体会到王石此番复杂的情绪。

聚是一团火，散是满天星。

山水有相逢。

世间还会有重逢。在转角处。

资本市场在运转。周而复始。

后　记

我是如何深层次接触到这个让世界瞩目的商业事件的

2016 年初的一天，我从深圳出差回来，从广州南站坐快接近末班时间的地铁回家。路上我接到一个朋友的电话，我清楚地记得，当时地铁 2 号线正在报站，我与朋友手机中的对话被地铁的报站声淹没，为了更礼貌地与朋友通话，我从最近的一个站下了地铁，准备先接完这通电话。

电话中，朋友问我是否关注“宝万”的事情，让我和他讲讲前因后果。遇巧的是，开始记者生涯 10 年来，万科是我少有的持续关注与研究的公司，从这家公司在香港的发布会、记者会，到内地的发展、扩张与转型，我连续有报道，也曾经有幸代表《第一财经周刊》参加过万科 30 周年的媒体活动。

在那次公开的媒体活动中，我一直试图向时任万科总裁郁亮提一个问题，但未成功。后来在晚上的餐叙中，我终于把这个问题抛给了郁亮：作为一家大公司（体量很大），万科建立合伙人计划与这家公司转型的关系是什么？万达有往综合金融集团转型的趋势，万科投资徽商银行，是否也和往这个趋势转型有关？万科在金融领域有什么计划？

确切的回答我记得不详尽，但我印象深刻的是，郁亮说会坚持转型，把合伙人计划推行下去，无论代价是什么。

那是 2014 年 10 月底，“宝万之争”还没有爆发，王石还在英国，那个叫姚振华的潮汕人兴许还没有萌生收购万科股份的念头。

把时间再往前推一点点，因为工作原因，我到美国出差。出差结束后，我请了年假，在美国多逗留了几天。一个偶然的原因，我参加了一个饭局，在这次饭局上，我见到了田朴珺女士。

田小姐给我的印象是聪明，善解人意，乐于助人，长得漂亮，面部精致，我当时有一种她可能进行过微整容的观感，但我并未向她求证。

田小姐身上有光环。看得出来，在座的为数不多的企业家朋友对她都好奇而尊重。在当时，田小姐已经有一个新的身份：中国最大的房地产公司之一万科集团董事长王石的女朋友。

田小姐很俏皮。在餐厅外面的一条主干道上，一辆装饰得十分奇特、具有纽约特色，或者说装饰得具有纽约矛盾、冲突却包容精神的车经过，田小姐远远地看见了，在车开到离她不远的地方，她抢拍了一张照片，言语中惊呼："这车好酷，真好看。"透露着女性的稚气。

田小姐有她的朋友圈、社交圈，不知道用名利场来形容是否合适。

饭局中没有王石。此刻，他正在英国剑桥大学做访问学者。

再把时间往后推一点点。一年后，2015 年年中，我和一位在万科工作的朋友吃过一次饭，在那前后，万科宣布了一个百亿股份回购计划。

如果这个计划执行下去，"宝万之争"兴许不会发生。亦无风雨亦无晴。然而，没有如果。

那个时段，中国资本市场的"股灾"正在上演。面容憨厚、透露着乡村老干部气质的姚振华，正在干一件很酷的事情：伺机大举从二级市场买入万科的股份。

我在电话中和这位朋友讲了"宝万之争"的来龙去脉与发展趋势。在和他的聊天中，我突然有一种感觉：冥冥之中，这个大事件可能会和我有些缘分。

此后，历经了近一年时间的多方面调查与多地辗转，我竟然如此深度地了解并如此近距离地观察了这一中国资本市场建立以来，最具代表性、意义非凡而又影响深远的商业事件。

在看了百万字材料后，我开始动手写这本书。无数个周末，我都待在星巴克，在这里度过了五一、六一、七一、八一、十一、圣诞、元旦，甚至是情人节。

在这个开放、时而喧嚣、时而寂静、时而孤单的独立空间里，我曾经因为吃得太少晕倒过好几次；因为读田朴珺小姐写的书，自己写到身临其境时，时而笑时而哭；读王石写的书，体会跌宕起伏的前万科时代；因为参加亚布力论坛碰到王石，远远观察深处话题中心的他进场时神情的变化。

无数次，我向处于“宝万”事件中心的人士邀约见面或访谈，在深夜寻找酒店栖身，有时候我在周六的凌晨6点多起床，赶着去坐从广州南站发车的高铁，无论前一晚因为工作加班到凌晨才睡，还是身体状况抱恙，只要有见面的可能，我都希望风雨无阻，真诚、守信而又心怀感激地面对我的访谈对象。

记得我的核心访谈人士之一提起他看了我写的部分内容时，他对我的另外一个朋友说：“Zhubao is the killer.”（不知是不是引用了电影《007》的桥段?）

感谢那些给予过我时间和帮助的所有人士，唯愿你们幸福安康。他们身处金融的各个环节：保险、资管、信托、券商、银行等；他们身处地产业；他们身处航空业、影视业等其他行业。谢谢你们包容我不厌其烦的叨扰。

感谢媒体们和自媒体写手们，你们百家争鸣的报道，让我得以把获得的信息，从这些相互矛盾或者相互关联的信息中相互验证，或者把线索的链条完整起来，尽可能逼近真相。

感谢那些默默给予我帮助的人。

2017年春节，我去了英国，在旅途中，我始终有一个念头——去王石做访问学者的地方转转，去王石与田朴珺曾经可能沐浴爱情的地方转转。

从剑桥大学国王学院出来，有一条餐馆业集中的街，中餐比较多，有港式的、粤式的、川式的。和同行的漂亮姑娘一起，我们在这里的一家川式中餐馆吃饭，给我们结账的美女是上海人。当时我心里冒出一个想法：王石和田朴珺是否在这家餐馆吃过饭。

不确切记得是王石的书中曾经提到，还是那个饭局中田小姐提到，在剑桥，访问学者停车的地方和其他人停车的地方不同，体现出了这所学府对访问学者的尊重。

遗憾的是，我们没有在访问学者停车的地方停车，倒是因为停车的问题被英国警察开过罚单（为了硬凑一个笑话也是够了）。

感谢英国朋友 Andrew Moody 的帮助。虽然没能到彭布鲁克学院去转转，但我去了牛津，见识了中国访问学者学习与生活的环境，这有助于我更好地体会并更好地理解作为一个成功企业家，王石在英国做访问学者时的感受。

才疏学浅，难免疏漏，如果有不尽之处，希望得到你们的谅解。

写这段后记时，我依然坐在星巴克，继续等待我的访谈对象，哪怕只是见缝插针，只有一丝可能。

时光如水，缓缓地围绕着我，过去一年的不同瞬间，浮上心头。

谢谢你们。